はじめに

このテキストのタイトルである「リエゾン liaison」は、フランス語学習では2つの単語がつながって発音されることを指しますが、もともとは「関連、きずな」という意味の単語です。いろいろな知識がお互いに結びつくこと、文法で学んだ表現が会話にも活かせること、フランス語によって多くの人とつながることをイメージしています。そのため文法説明はまず「わかりやすさ」を心がけました。また練習問題もアクティヴラーニングや仏検対応問題を通して楽しく学習できるように工夫しています。

皆さんがこのテキストを通してフランス語に興味を持ち、フランス語で表現する楽しさを知ってくださることを心から願っています。

2022年秋　著者

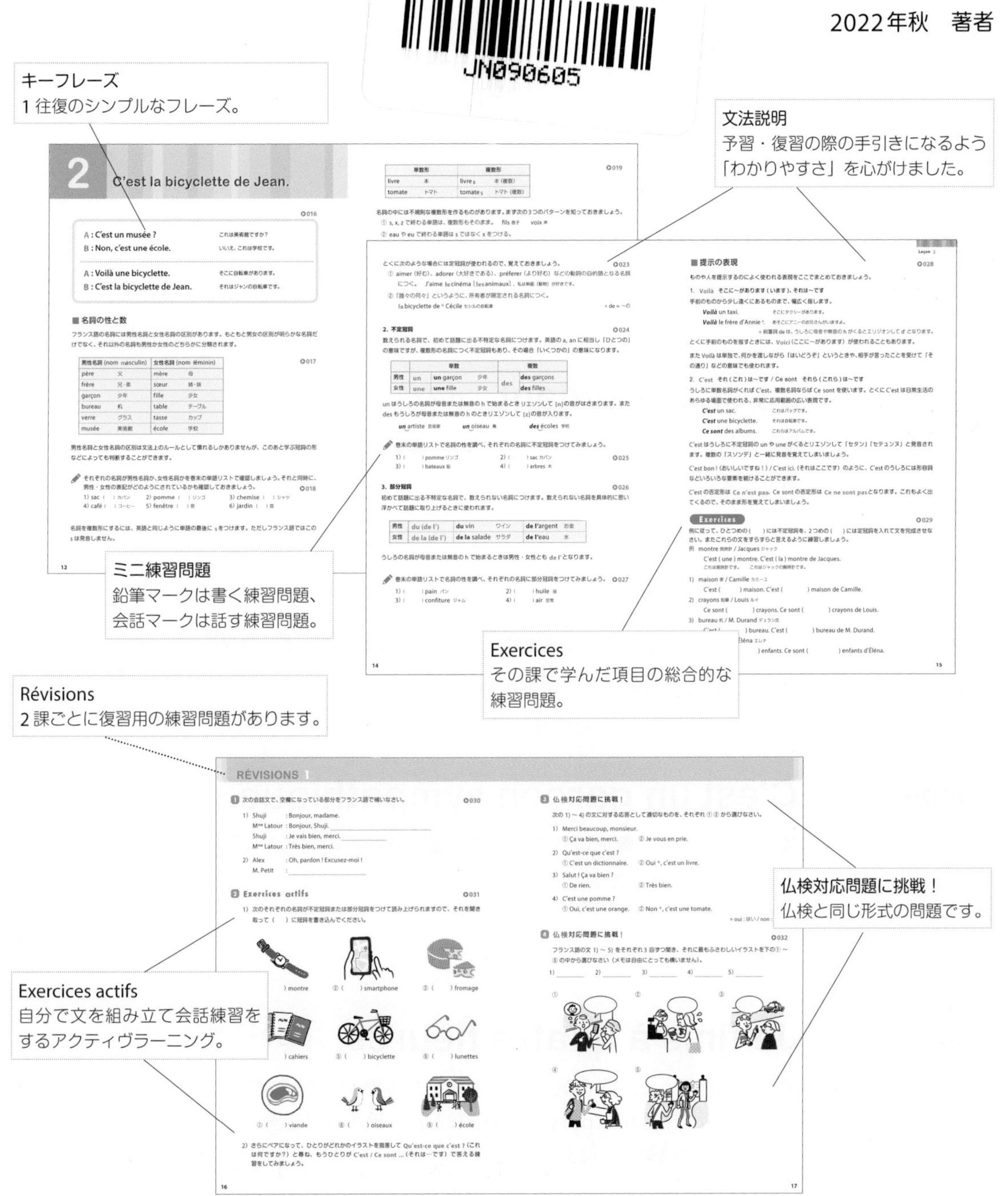
キーフレーズ
1 往復のシンプルなフレーズ。
文法説明
予習・復習の際の手引きになるよう「わかりやすさ」を心がけました。
ミニ練習問題
鉛筆マークは書く練習問題、会話マークは話す練習問題。
Exercices
その課で学んだ項目の総合的な練習問題。
Révisions
2 課ごとに復習用の練習問題があります。
仏検対応問題に挑戦！
仏検と同じ形式の問題です。
Exercices actifs
自分で文を組み立て会話練習をするアクティヴラーニング。

目次　table des matières

つづりと発音のガイド　p.6

■単母音字の発音　■複母音字の発音　■鼻母音の発音　■子音字の発音
■リエゾン、アンシェヌマン、エリジオン　■句読記号、つづり字記号など

Leçon 1　Bonjour, madame.　p.8

■あいさつの表現　■「お元気ですか？」の言い方　■お礼・おわびの言い方
●アルファベ

Leçon 2　C'est la bicyclette de Jean.　p.12

■名詞の性と数　■冠詞　■提示の表現

RÉVISIONS 1　p.16

Leçon 3　Tu aimes danser ?　p.18

■主語になる代名詞　■-er形の規則動詞（第1群規則動詞）　■否定文の作り方
●数字1（0〜20）

Leçon 4　Je suis étudiant.　p.22

■動詞êtreの活用　■動詞êtreの用法　■国籍・身分・職業などの言い方
■疑問文の作り方　■疑問文への答え方

RÉVISIONS 2　p.26

Leçon 5　Tu as des frères et sœurs ?　p.28

■動詞avoirの活用　■否定の冠詞de　■Il y aの用法　■avoirを使う慣用的な表現
●数字2（20〜60）　●自己紹介のしかた

Leçon 6　C'est un garçon sympathique.　p.32

■形容詞の位置　■形容詞の性と数　■特殊な語尾変化をする形容詞　■指示形容詞
●曜日・月・季節　●日付の言い方

RÉVISIONS 3　p.36

Leçon 7　Je finis à quatre heures.　p.38

■動詞の種類と現在形の活用　■-ir形の規則動詞（第2群規則動詞）
■-ir形の不規則動詞（partir, sortirなど）　■所有形容詞
●家族を表す語彙　●時刻の表現

Carte du monde de la Francophonie

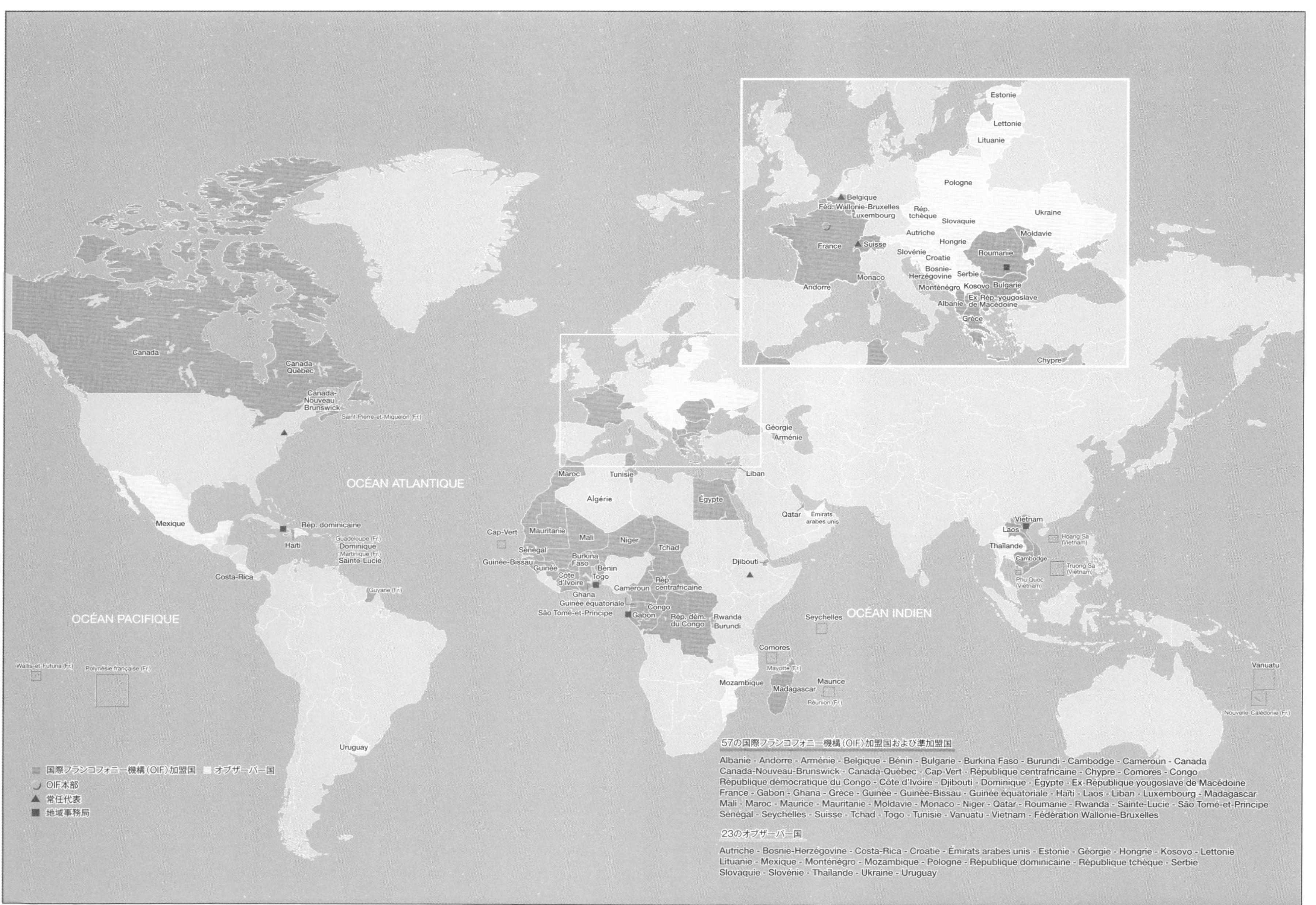

Carte de France

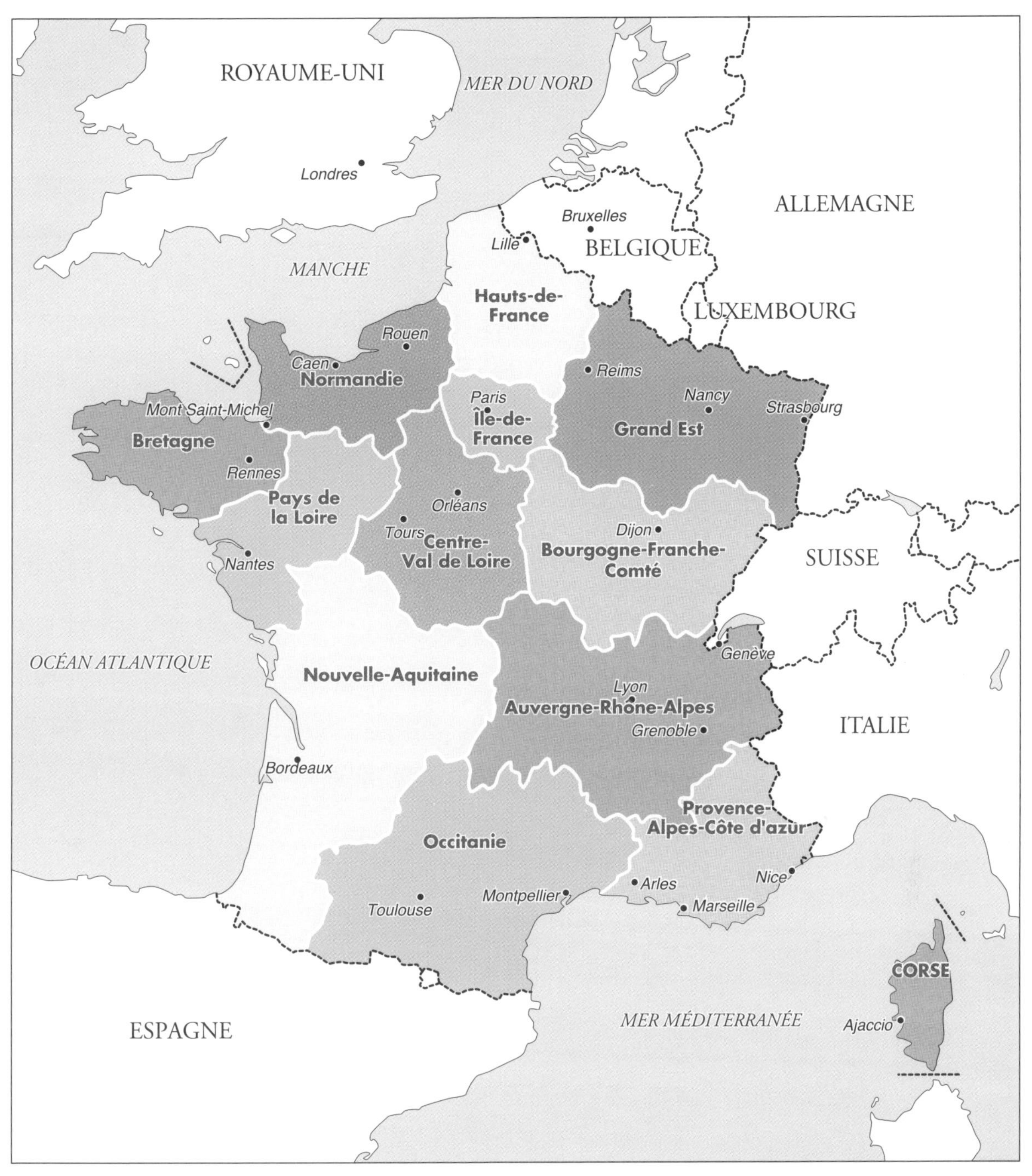

フランスの地域圏（régions）は、2016年1月に22から13に再編されました。またその後、Occitanie、Grand Est、Nouvelle-Aquitaine、Hauts-de-France という新たな名称も生まれました。上記の13の地域圏に加えて、さらに5つの海外地域圏—— Guadeloupe、Martinique、Guyane、La Réunion、Mayotte——があります。

Liaison 1

Hiroshi Matsumura

Hakusuisha

音声ダウンロード

この教科書の音源は白水社ホームページ（www.hakusuisha.co.jp/download/）からダウンロードすることができます（お問い合わせ先：text@hakusuisha.co.jp）。

装幀・本文デザイン　岡村 伊都

イラスト　ツダ タバサ

音声ナレーション　Malvina LECOMTE　Fabien CHERBONNET

Leçon 8 On va au restaurant ? p.42
■動詞allerとvenirの活用 ■前置詞à / deと定冠詞の縮約
■近接未来（近い未来）と近接過去（近い過去） ■主語になる代名詞on
●前置詞 ●国名・国籍・言語

RÉVISIONS 4 p.46

Leçon 9 Qu'est-ce que tu fais aujourd'hui ? p.48
■動詞faireとprendreの活用 ■命令文の作り方 ■疑問詞を使った疑問文
■疑問形容詞quel
●天候の言い方

Leçon 10 Je la regarde tous les soirs. p.52
■直接目的補語と間接目的補語 ■直接・間接目的補語の代名詞
■目的補語の代名詞を使う命令文 ■強勢形の代名詞 ■代名動詞
●数字3（70以上）

RÉVISIONS 5 p.56

Leçon 11 Pierre est plus grand que Michel. p.58
■形容詞と副詞の比較級 ■形容詞と副詞の最上級 ■bonとbienの比較級・最上級
■attendre, répondreなどの不規則動詞
●順序の言い方

Leçon 12 Tu as téléphoné à Camille ? p.62
■複合過去の形と用法 ■avoirを使う複合過去 ■êtreを使う複合過去
■代名動詞の複合過去
●さまざまな否定表現

RÉVISIONS 6 p.66

数字の言い方、順序の言い方 p.68

動詞活用表 p.69

単語リスト p.75

つづりと発音のガイド

フランス語ではつづりと発音の対応関係がはっきりと決まっています。ここにあるルールをひと通り身につければ、フランス語の単語を正しく発音できるようになります。

■ 単母音字の発音

▶001

a, à, â	ア	[a]	avril 4月　gâteau ケーキ
e	ウ	[ə/ 無音]	cheval 馬　petit 小さな
	エ	[ɛ/e]	lettre 手紙　tennis テニス
-e（語末）*	発音しない		facile 簡単な　monde 世界

＊ただし je や le のような 1 音節の単語の語末ではウ [ə] と発音します。

é	鋭い エ	[e]	étudiant 学生　téléphone 電話
è, ê	ゆるい エ	[ɛ]	frère 兄・弟　tête 頭
i, î, y	イ	[i]	midi 正午　dîner 夕食　stylo ペン
o, ô	オ	[ɔ/o]	orange オレンジ　tôt 早く
u, û	ユ	[y]	bus バス　sûr 確かな

◆ フランス語の**アクサン**（アクセント記号）はつづりの一部なので省略できません。[´] は**アクサン・テギュ**（accent aigu）、[`] は**アクサン・グラーヴ**（accent grave）、[ˆ] は**アクサン・シルコンフレックス**（accent circonflexe）と呼ばれます。

■ 複母音字の発音

▶002

ai, ei	エ	[ɛ]	maison 家　neige 雪
au, eau	オ	[o]	chaud 暑い　bateau 船
eu, œu	広いウー	[œ]	fleur 花　œuf 卵
または	狭いウー	[ø]	bleu 青い　euro ユーロ
oi, oî	ワ	[wa]	moi 私　boîte 箱
ou, où, oû	ウ	[u]	rouge 赤い　où どこに　août 8月

■ 鼻母音の発音

▶003

鼻母音は、口をふさがずに鼻に響かせて発音します。

an, en, am, em	アン	[ɑ̃]（アンとオンの中間）	grand 大きな　enfant 子ども
in, im*	アン	[ɛ̃]（イの口でアンという）	jardin 庭　important 重要な
＊ **yn, ym, ain, aim, ein, eim** も同じ[ɛ̃]の発音です。			demain 明日　sympathique 感じのよい
un, um	アン	[œ̃* /ɛ̃]（アンとウンの中間）	lundi 月曜　parfum 香り、香水

＊今日では [œ̃] の発音はたいてい [ɛ̃] で代用されます。

on, om	オン	[ɔ̃]	bon よい　combien いくつ、いくら

◆ この他に、**ien** はイアン [jɛ̃] の発音、**oin** はワン [wɛ̃] の発音になります。**bien** よく　**loin** 遠くに

◆ n, m のうしろに母音がくると、鼻母音の発音にはなりません。animal 動物　dimanche 日曜

■ 子音字の発音

004

語末の子音は原則として発音されません。 Paris パリ chat 猫

ただし語末の **c, r, f, l** は多くの場合発音されます（**c**a**r**e**f**u**l** と覚える）。 sa**c** カバン cie**l** 空

c	ク	[k]（a, o, u の前）	**c**afé コーヒー é**c**ole 学校
または	ス	[s]（e, i, y の前）	**c**inéma 映画 con**c**ert コンサート
ç*	ス	[s]（a, o, u の前）	fran**ç**ais フランスの gar**ç**on 少年

＊この c の下につけられた記号は**セディーユ** (cedille) と呼ばれます。

ch	シュ	[ʃ]	**ch**ance チャンス **ch**ocolat チョコレート
g	グ	[g]（a, o, u の前）	**g**are 駅 lé**g**ume 野菜
または	ジュ	[ʒ]（e, i, y の前）	voya**g**e 旅行 gara**g**e ガレージ
gn	ニュ	[ɲ]	monta**gn**e 山 espa**gn**ol スペインの
gu	グ	[g]（e, i, y の前）	lan**gu**e 言語 **gu**itare ギター
h*	発音しない		**h**ôtel ホテル **h**arpe ハープ

＊前の語とリエゾン、アンシェヌマン、エリジオンする**無音の h** と、それらをしない**有音の h** があります。

il	イル	[il] 母音のあとでイユ [ij]	fac**il**e 簡単な sole**il** 太陽
ill	イユ	[(i)j] たまにイル [il]	f**ill**e 少女、娘 v**ill**e 町
q, qu	ク	[k]	cin**q** 5 musi**qu**e 音楽
s	スまたはズ	[s] / [z](母音にはさまれた s)	**s**port スポーツ **s**ai**s**on 季節
ss	ス	[s]	adre**ss**e 住所 poi**ss**on 魚

■ リエゾン、アンシェヌマン、エリジオン

005

リエゾン (liaison 連音) もともと**発音されない**語末の子音字を、うしろに母音が来たときにつなげて発音すること。 les étoiles 星 elles étudient 彼女らは勉強します

アンシェヌマン (enchaînement 連読) もともと**発音される**語末の子音字を、うしろに母音が来たときにつなげて発音すること。 avec un crayon 鉛筆で il achète 彼は買います

エリジオン (élision 母音字省略) 母音字または無音の h で始まる語の前で、最後の母音字が省略されて**アポストロフ** (’) (apostrophe) に変わること。 l’école その学校 j’ai 私は持っています

■ 句読記号、つづり字記号など

.	ポワン	point	ピリオド
,	ヴィルギュール	virgule	コンマ
?	ポワン・ダンテロガシオン	point d’interrogation	疑問符
!	ポワン・デクスクラマシオン	point d’exclamation	感嘆符
-	トレ・デュニオン	trait d’union	ハイフン
–	ティレ	tiret	ダッシュ
« »	ギユメ	guillemet	引用符（英語の“ ”は通常使われません）

1 Bonjour, madame.

▶006

A : Bonjour, madame. こんにちは。

B : Bonjour, monsieur. Vous allez bien ? こんにちは。お元気ですか？

A : Merci beaucoup. ありがとうございます。

B : Je vous en prie. どういたしまして。

■ あいさつの表現

▶007

勉強の手始めに、フランス語であいさつができるようになりましょう。まず次の表現が言えるように練習します。

Bonjour.	おはようございます。/ こんにちは。
Bonsoir.	こんばんは。
Au revoir.	さようなら。

上の表現のあとに次のような敬称をつけると、さらにていねいな言い方になります。

madame **mademoiselle**	女性に対して。
monsieur	男性に対して。

たとえば Bonjour, mademoiselle. / Au revoir, monsieur. のように言います。

また Bonsoir, Madame Martin. のように、話し相手の名前を続けると、より親しみのこもった言い方になります。この場合は大文字で書き始めます（うしろに名前が続く場合は M. / Mme / Mlle と略されることもあります）。

Enchanté. / Enchantée. は初対面の相手に対して「はじめまして」というときの表現です。話している人が女性のときは、つづりの最後に **e** がつきます。発音は変わりません。

■「お元気ですか?」の言い方

① 敬語的な言い方

▶008

目上の人や、少し距離を置いた関係の相手との話し方です。親しい人でも、日本語の感覚で敬語を使うような場合はこちらの表現を使います。

A :	**Bonjour, monsieur.**	おはようございます。
B :	**Bonjour, mademoiselle.**	おはようございます。
	Comment allez-vous ?	お元気ですか?
A :	**Très bien, merci. Et vous ?**	とても元気です。あなたは?
B :	**Je vais bien, merci.**	私も元気です。ありがとう。

「お元気ですか？」には Vous allez bien ? もよく使われます。また答えるときは Très bien. / Je vais bien. の両方が使われます。うしろに merci.（ありがとう）をつけましょう。

上の会話文で Monsieur ～ や Mademoiselle ～ など、うしろに相手の名字をつけて、隣同士で会話の練習をしてみましょう。

② 家族や友だちなど親しい相手と

▶009

家族や友だちなど、親しい相手と言葉を交わすときは次のような話し方をします。

A :	**Salut, Anne !**	やあ、アンヌ!
B :	**Bonjour, Takashi. Ça va ?**	おはよう、タカシ。元気?
A :	**Ça va. Et toi ?**	元気だよ。君は?
B :	**Ça va bien, merci.**	私も元気だよ。ありがとう。

Salut.（やあ）は、親しい相手に呼びかけるときのあいさつです。また別れるときにも、「じゃあね」の意味で使われます。また「元気？」は Ça va bien ? ともよく言います。もとの意味は「うまくいってる？」です。

敬語を使うような相手には Et vous ?（あなたは？）を使いますが、親しい相手には Et toi ? という言い方をします。

上の会話文にならって、相手の名前を当てはめて、隣同士で会話の練習をしてみましょう。

話していた相手と別れるときには、Au revoir. や Salut. と一緒に、次のような言い方もよく使われます。少しずつ慣れて使えるようにしましょう。

▶010

À demain.	また明日。
À bientôt.	ではまた。近いうちに。
Bonne journée.	よい一日を（おもに午前中に）。
Bonne soirée.	よい夕べを（午後から夕方に）。
Bonne nuit.	おやすみなさい。

このような表現にはいろいろなバリエーションがあります。**À la semaine prochaine.**（また来週）や、**Bon après-midi.**（よい午後を）なども知っておくと便利です。

■ お礼・おわびの言い方

「ありがとうございます」「すみません」など、お礼やおわびの言い方も学びましょう。フランス語ではお礼やおわびを言われたら、きちんと返答するのが普通です。返答の表現も知っておきましょう。

① お礼の言い方・返答の仕方

▶011

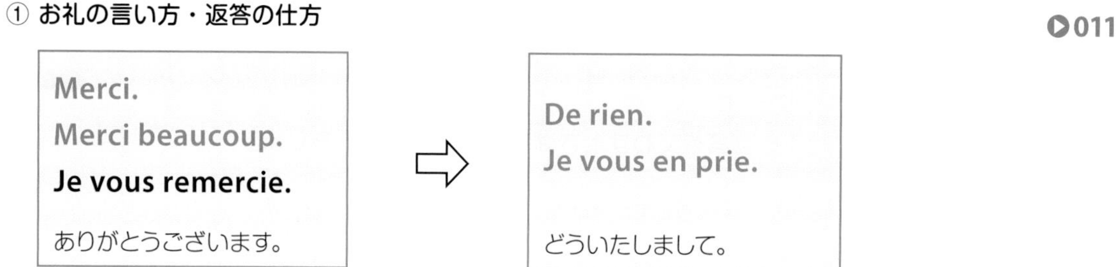

お礼の表現は下に行くほどていねいな感じが出ます。また返答では、家族や友だちなど親しい相手に対しては、Je vous en prie. のかわりに Je t'en prie. という言い方をします。

② おわびの言い方・返答の仕方

▶012

Pardon. や Excusez-moi. は軽い感じで「すみません」と、相手にちょっとどけてもらったり、誰かを呼び止めるようなときにも使われます。Je suis désolé(e). はきちんと謝るときの表現です。女性が言う場合は、つづりの最後に e がつきます。

隣同士で、お礼を言って答える会話、おわびを言って答える会話を練習してみましょう。

アルファベ alphabet

▶013

フランス語のアルファベの言い方を覚えましょう。

A a ア	**B b** ベ	**C c** セ	**D d** デ
E e ウ	**F f** エフ	**G g** ジェ	**H h** アシュ
I i イ	**J j** ジ	**K k** カ	**L l** エル
M m エム	**N n** エヌ	**O o** オ	**P p** ペ
Q q キュ	**R r** エール	**S s** エス	**T t** テ
U u ユ	**V v** ヴェ	**W w** ドゥブルヴェ	**X x** イクス
Y y イグレック	**Z z** ゼッド		

単語のつづりを、アルファベで読んでみましょう。 ▶014

1) radio ラジオ　2) Japon 日本　3) crayon えんぴつ

4) fromage チーズ　5) chanson 歌

Exercices

イラストに相当する単語の発音に続いて、2回ずつつづりが読み上げられますので、それを書き取ってください。 ▶015

1) ……………………

2) ……………………

3) ……………………

4) ……………………

2 C'est la bicyclette de Jean.

▶016

A : C'est un musée ?	これは美術館ですか？
B : Non, c'est une école.	いいえ、これは学校です。
A : Voilà une bicyclette.	そこに自転車があります。
B : C'est la bicyclette de Jean.	それはジャンの自転車です。

■ 名詞の性と数

フランス語の名詞には男性名詞と女性名詞の区別があります。もともと男女の区別が明らかな名詞だけでなく、それ以外の名詞も男性か女性のどちらかに分類されます。

▶017

男性名詞 (nom masculin)		**女性名詞** (nom féminin)	
père	父	mère	母
frère	兄・弟	sœur	姉・妹
garçon	少年	fille	少女
bureau	机	table	テーブル
verre	グラス	tasse	カップ
musée	美術館	école	学校

男性名詞と女性名詞の区別は文法上のルールとして慣れるしかありませんが、このあと学ぶ冠詞の形などによっても判断することができます。

それぞれの名詞が男性名詞か、女性名詞かを巻末の単語リストで確認しましょう。それと同時に、男性・女性の表記がどのようにされているかも確認しておきましょう。 ▶018

1) sac (　) カバン　2) pomme (　) リンゴ　3) chemise (　) シャツ
4) café (　) コーヒー　5) fenêtre (　) 窓　6) jardin (　) 庭

名詞を複数形にするには、英語と同じように単語の最後に **s** をつけます。ただしフランス語ではこの s は発音しません。

単数形		複数形	
livre	本	livre**s**	本（複数）
tomate	トマト	tomate**s**	トマト（複数）

▶019

名詞の中には不規則な複数形を作るものがあります。まず次の3つのパターンを知っておきましょう。

① s, x, z で終わる単語は、複数形もそのまま。　fil**s** 息子　voi**x** 声

② eau や eu で終わる単語は s ではなく **x** をつける。
bureau → bureau**x** 机　cheveu → cheveu**x** 髪の毛

③ al で終わる単語は複数形の語尾が **aux** となる。　cheval → chev**aux** 馬

次のそれぞれの単語を複数形にしてみましょう。　▶020

1) orange　オレンジ　2) jeu　遊び、ゲーム　3) montre　腕時計
4) gâteau　ケーキ　5) chaise　椅子　6) animal　動物

■ 冠詞

名詞を実際に使用するときには、通常は冠詞をつけます。ここでは英語の the に相当する**定冠詞**、英語の a, an に相当する**不定冠詞**と、数えられない名詞につく**部分冠詞**の3種類の冠詞について学びましょう。フランス語の冠詞は、うしろにくる名詞が男性名詞か女性名詞か、単数か複数かなどによって形が変わります。

1. 定冠詞

▶021

すでに話題になっていて特定される名詞につけて使います。英語の the に相当し、「その」の意味を表します。またあるものを一般的に表して「〜というもの」という意味もあります。

	単数			複数	
男性	le (l')	**le** livre	本	les	**les** livres
		l'arbre	木		**les** arbres
女性	la (l')	**la** télévision	テレビ		**les** télévisions
		l'école	学校		**les** écoles

① 単数形の le と la は、うしろに母音や無音の h がくると省略されて l' となり、つなげて発音します。これを**エリジオン** (élision 母音省略) といいます。

② また複数形の les は、うしろに母音や無音の h がくると本来発音しない語尾の s を [z] と発音してうしろの母音につなげます。これを**リエゾン** (liaison 連音) といいます。

これらを上の表の arbre（木）と école（学校）の例で確認しましょう。

巻末の単語リストで名詞の性を調べ、それぞれの名詞に定冠詞をつけてみましょう。　▶022

1) (　　　) bureau 机　2) (　　　) orange オレンジ
3) (　　　) montres 腕時計　4) (　　　) oiseaux 鳥

とくに次のような場合には定冠詞が使われるので、覚えておきましょう。 ▶023

① aimer（好む）、adorer（大好きである）、préférer（より好む）などの動詞の目的語となる名詞につく。 J'aime **le** cinéma［**les** animaux］. 私は映画［動物］が好きです。

②「誰々の何々」というように、所有者が限定される名詞につく。

la bicyclette de* Cécile セシルの自転車 ＊ de = ～の

2. 不定冠詞 ▶024

数えられる名詞で、初めて話題に出る不特定な名詞につけます。英語の a, an に相当し「ひとつの」の意味ですが、複数形の名詞につく不定冠詞もあり、その場合「いくつかの」の意味になります。

	単数			複数	
男性	**un**	**un** garçon	少年	**des**	**des** garçons
女性	**une**	**une** fille	少女		**des** filles

un はうしろの名詞が母音または無音の h で始まるとき**リエゾン**して [n] の音がはさまります。また des もうしろが母音または無音の h のときリエゾンして [z] の音が入ります。

un artiste 芸術家　　***un*** oiseau 鳥　　***des*** écoles 学校

巻末の単語リストで名詞の性を調べ、それぞれの名詞に不定冠詞をつけてみましょう。 ▶025

1)（　　　）pomme リンゴ　　2)（　　　）sac カバン
3)（　　　）bateaux 船　　4)（　　　）arbres 木

3. 部分冠詞 ▶026

初めて話題に出る不特定な名詞で、数えられない名詞につけます。数えられない名詞を具体的に思い浮かべて話題に取り上げるときに使われます。

男性	**du (de l')**	**du** vin	ワイン	**de l'**argent	お金
女性	**de la (de l')**	**de la** salade	サラダ	**de l'**eau	水

うしろの名詞が母音または無音の h で始まるときは男性・女性とも **de l'** となります。

巻末の単語リストで名詞の性を調べ、それぞれの名詞に部分冠詞をつけてみましょう。 ▶027

1)（　　　）pain パン　　2)（　　　）huile 油
3)（　　　）confiture ジャム　　4)（　　　）air 空気

■ 提示の表現

▶028

ものや人を提示するのによく使われる表現をここでまとめておきましょう。

1. **Voilà**　そこに～があります（います）、それは～です

手前のものから少し遠くにあるものまで、幅広く指します。

Voilà un taxi.　　そこにタクシーがあります。

Voilà le frère d'Annie*.　　あそこにアニーのお兄さんがいますよ。

＊ 前置詞 de は、うしろに母音や無音の h がくるとエリジオンして d' となります。

とくに手前のものを指すときには、**Voici**（ここに～があります）が使われることもあります。

また Voilà は単独で、何かを渡しながら「はいどうぞ」というときや、相手が言ったことを受けて「その通り」などの意味でも使われます。

2. **C'est**　それ（これ）は～です / **Ce sont**　それら（これら）は～です

うしろに単数名詞がくれば C'est、複数名詞ならば Ce sont を使います。とくに C'est は日常生活のあらゆる場面で使われる、非常に応用範囲の広い表現です。

C'est un sac.　　これはバッグです。

C'est une bicyclette.　　それは自転車です。

Ce sont des albums.　　これらはアルバムです。

C'est はうしろに不定冠詞の un や une がくるとリエゾンして「セタン」「セテュンヌ」と発音されます。複数の「スソンデ」と一緒に発音を覚えてしまいましょう。

C'est bon !（おいしいですね！）/ C'est ici.（それはここです）のように、C'est のうしろには形容詞などいろいろな要素を続けることができます。

C'est の否定形は **Ce n'est pas**、Ce sont の否定形は **Ce ne sont pas** となります。これもよく出てくるので、そのまま形を覚えてしまいましょう。

Exercices

▶029

例に従って、ひとつめの（　）には不定冠詞を、2つめの（　）には定冠詞を入れて文を完成させなさい。またこれらの文をすらすらと言えるように練習しましょう。

例　montre 腕時計 / Jacques ジャック

C'est (une) montre. C'est (la) montre de Jacques.
これは腕時計です。　これはジャックの腕時計です。

1)　maison 家 / Camille カミーユ

C'est (　　　) maison. C'est (　　　) maison de Camille.

2)　crayons 鉛筆 / Louis ルイ

Ce sont (　　　) crayons. Ce sont (　　　) crayons de Louis.

3)　bureau 机 / M. Durand デュラン氏

C'est (　　　) bureau. C'est (　　　) bureau de M. Durand.

4)　enfants 子ども / Éléna エレナ

Ce sont (　　　) enfants. Ce sont (　　　) enfants d'Éléna.

1 次の会話文で、空欄になっている部分をフランス語で補いなさい。 ▶030

1） Shuji : Bonjour, madame.
Mme Latour : Bonjour, Shuji. ……………………
Shuji : Je vais bien, merci. ……………
Mme Latour : Très bien, merci.

2） Alex : Oh, pardon ! Excusez-moi !
M. Petit : ……………………

2 Exercices actifs ▶031

1） 次のそれぞれの名詞が不定冠詞または部分冠詞をつけて読み上げられますので、それを聞き取って（　）に冠詞を書き込んでください。

① (　　　) montre

② (　　　) smartphone

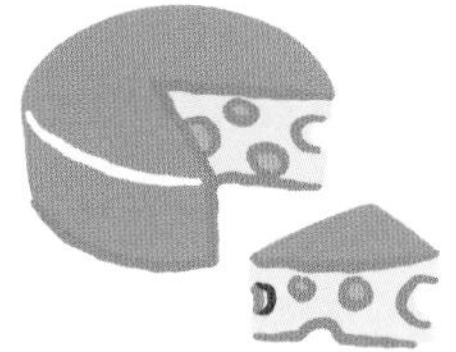

③ (　　　) fromage

④ (　　　) cahiers

⑤ (　　　) bicyclette

⑥ (　　　) lunettes

⑦ (　　　) viande

⑧ (　　　) oiseaux

⑨ (　　　) école

2） さらにペアになって、ひとりがどれかのイラストを指差して **Qu'est-ce que c'est ?**（これは何ですか？）と尋ね、もうひとりが **C'est / Ce sont ...**（それは…です）で答える練習をしてみましょう。

3 仏検対応問題に挑戦！

次の 1) ～ 4) の文に対する応答として適切なものを、それぞれ ① ② から選びなさい。

1） Merci beaucoup, monsieur.

① Ça va bien, merci.　　② Je vous en prie.

2） Qu'est-ce que c'est ?

① C'est un dictionnaire.　　② Oui＊, c'est un livre.

3） Salut ! Ça va bien ?

① De rien.　　② Très bien.

4） C'est une pomme ?

① Oui, c'est une orange.　　② Non＊, c'est une tomate.

＊ oui : はい / non : いいえ

4 仏検対応問題に挑戦！

032

フランス語の文 1) ～ 5) をそれぞれ3 回ずつ聞き、それに最もふさわしいイラストを下の① ～ ⑤ の中から選びなさい（メモは自由にとっても構いません）。

1） ....　2） ....　3） ....　4） ....　5） ....

①

②

③

④

⑤

3 Tu aimes danser ?

▶033

A : Tu aimes danser ? 君は踊るのは好きかい?
B : Oui, j'aime beaucoup danser. うん、踊るのは大好き。

A : Vous parlez italien ? あなたはイタリア語は話せますか?
B : Non, je ne parle pas italien. いいえ、私はイタリア語は話せません。

■ 主語になる代名詞

文の主語になる代名詞には、次の表のようなものがあります。

▶034

一人称	je	私は	nous	私たちは
二人称	tu	君は	vous	あなたは、君たちは、あなたたちは
三人称	il	彼は、それは	ils	彼らは、それらは
	elle	彼女は、それは	elles	彼女らは、それらは

これらの代名詞については、以下のポイントに注意しましょう。

◆ **tu** は家族や友人など親しい相手に対して、**vous** はよく知らない人や目上の人などに対して使います。つまり vous を使うのは日本語で敬語を使うのと同じ感覚です。

また vous は、tu(君)と vous(あなた)の両方の複数形としても使われます。

◆ 三人称の **il, elle, ils, elles** は、人だけではなく「もの」も表し、「それ、それら」の意味に使います。il(s) は男性名詞、elle(s) は女性名詞の人とものをさします(複数で男性と女性が混ざっている場合は ils を使います)。

■ -er 形の規則動詞(第1群規則動詞)

フランス語の動詞の活用パターンで最も多いのが、原形(不定形)の語尾が **-er** で終わるグループ(= 第1群規則動詞)で、動詞全体の9割以上を占めます。

上の主語の代名詞と結びつけて、これらの動詞の現在形の活用を見てみましょう。

chanter（歌う）				▶035
je chante	私は歌う	nous chantons	私たちは歌う	
tu chantes	君は歌う	vous chantez	あなたは歌う	
il chante	彼は歌う	ils chantent	彼らは歌う	
elle chante	彼女は歌う	elles chantent	彼女たちは歌う	

動詞は活用しない語幹（chant-）と、活用する部分である語尾（-er）から成ります。原形と nous と vous の語尾は発音しますが、残りの語尾 -e, -es, -ent は発音しないので、語幹のみの発音になります。なお il と elle、ils と elles の活用はつねに共通です。

これらの動詞は普通名詞や固有名詞を主語にすることもできます。その場合、動詞は三人称の単数（il, elle）または複数（ils, elles）のときの活用形になります。　Sylvie ***chante***. シルヴィは歌う。

✎ 上の例にならって、動詞 parler（話す）の活用を書き、発音してみましょう。　▶036

parler（話す）

je	…………	nous	…………
tu	…………	vous	…………
il	…………	ils	…………
elle	…………	elles	…………

動詞が母音字または無音の h で始まるときには、つづりや発音の上で注意が必要です。動詞 aimer（好む、愛する）を例に見てみましょう。

▶037

aimer（好む、愛する）	
j'aime	nous aimons
tu aimes	vous aimez
il aime	ils aiment
elle aime	elles aiment

このような動詞では、次のような点に注意します。

- ◆ je はうしろに母音字または無音の h がくると省略されて j' となります（**エリジオン**）。
- ◆ 主語が il, elle のときには、最後の l の音を動詞の最初の母音につなげて発音します。これを**アンシェヌマン**（enchaînement 連読）といいます。
- ◆ 主語が nous, vous, ils, elles のときは、本来発音しない語尾の s を [z] と発音してうしろの母音につなげます（**リエゾン**）。

動詞が無音の h で始まるときにも、これと同じパターンになります。aimer の例にならって、動詞 habiter（住む）の活用を書き、発音してみましょう。

▶038

habiter（住む、住んでいる）

…………	nous …………
tu …………	vous …………
il …………	ils …………
elle …………	elles …………

フランス語には英語のような現在進行形がないので、現在形の動詞は文脈に応じて「～する」と「～している」の両方の意味を表すことができます。

Exercices

▶039

次の［　］の中の主語と動詞を使い、日本語の意味になるように文を作ってみましょう。

例［elle / chanter］ ➡ Elle chante bien.　彼女はとても上手に歌います。

1）［vous / parler］ ➡ ………… français ?　あなたはフランス語を話しますか？

2）［je / arriver］ ➡ ………… à Nagoya.　私は名古屋に着きます。

3）［nous / aimer］ ➡ ………… Paris.　私たちはパリが好きです。

■ 否定文の作り方

否定文を作るときには、文の動詞を **ne** と **pas** の2語ではさみます。

▶040

Jacques chante.　ジャックは歌います。（肯定文）

➡ Jacques ***ne*** chante ***pas***.　ジャックは歌いません。（否定文）

ne と pas ではさまれる動詞が母音字または無音の h で始まるときには、ne がエリジオンして **n'** に変わります。この場合、n' はうしろの母音に続けて発音します。下の活用表で確認しましょう。

▶041

chanterの否定形（歌わない）	
je ne chante pas	nous ne chantons pas
tu ne chantes pas	vous ne chantez pas
il ne chante pas	ils ne chantent pas
elle ne chante pas	elles ne chantent pas

aimerの否定形（好まない）	
je n'aime pas	nous n'aimons pas
tu n'aimes pas	vous n'aimez pas
il n'aime pas	ils n'aiment pas
elle n'aime pas	elles n'aiment pas

右の母音字または無音の h で始まる動詞の場合、下記のようになります。

- ◆ 肯定文（j'aime）の je のエリジオンは解除して主語と動詞を切り離し、動詞（aime）を n' と pas ではさみます。
- ◆ il のアンシェヌマン（il aime）、nous, vous, ils のリエゾン（nous aimons など）はなくなり、n' のエリジオンのみに変わります。

この課で練習した parler（話す）と habiter（住む）の否定形を書き、発音してみましょう。

▶042

parler の否定形（話さない）

je	…………	nous	…………
tu	…………	vous	…………
il	…………	ils	…………
elle	…………	elles	…………

habiter の否定形（住んでいない）

je	…………	nous	…………
tu	…………	vous	…………
il	…………	ils	…………
elle	…………	elles	…………

Exercices

▶043

次のそれぞれの質問に対して、Oui（はい）または Non（いいえ）に続く文を書いてみましょう。

例）Vous habitez ici ?　　あなたはここに住んでいるのですか？
— Oui, j'habite ici.　　はい、私はここに住んでいます。

1）Il aime chanter ?　　彼は歌うのが好きですか？
— Non, …………　　いいえ、彼は歌うのが好きではありません。

2）Tu travailles ?　　君は働いてるの？
— Oui, …………　　うん、働いてるよ。

3）Elles parlent bien anglais ?　　彼女たちは英語を上手に話しますか？
— Non, …………　　いいえ、あまり上手ではありません。

数字1（0～20）

▶044

0 zéro

1 un / une	**2** deux	**3** trois	**4** quatre	**5** cinq
6 six	**7** sept	**8** huit	**9** neuf	**10** dix
11 onze	**12** douze	**13** treize	**14** quatorze	**15** quinze
16 seize	**17** dix-sept	**18** dix-huit	**19** dix-neuf	**20** vingt

◆ six, huit, dix のうしろに名詞が続くときは、数字の最後の子音を発音しません。また cinq もうしろに名詞がくると発音しない場合があります。　six semaines 6週間

◆ 数字を表す単語のうしろに母音または無音の h で始まる名詞がくると、リエゾンやアンシェヌマンが起こって発音が変わります。　deux heures 2時（間）　neuf ans　9年、9歳

4 Je suis étudiant.

▶045

A : Je suis étudiant. Et toi ? ぼくは学生だけど、君は？

B : Moi aussi, je suis étudiante. 私も学生よ。

A : Vous êtes de Tokyo ? あなたは東京出身ですか？

B : Non, je suis de Kyoto. いいえ、私は京都出身です。

動詞 être の活用

動詞 être は英語の be に相当する動詞で、「ある、いる、～である」などの意味を表します。不規則動詞ですので、まずは形に慣れましょう。

▶046

être（ある、いる、～である）	
je **suis**	nous **sommes**
tu **es**	vous **êtes**
il **est**	ils **sont**
elle **est**	elles **sont**

主語が il / elle のときは、主語と動詞 est を続けて発音します（アンシェヌマン）。また vous のときは、vous の最後の s を [z] と発音して、うしろの êtes に続けます（リエゾン）。

前置詞 à（～に）を使って、Je suis à Paris.（私はパリにいます）など、いろいろ主語を変えて言ってみましょう。また、日本やフランスの都市の名前を使って、「～にいます」の言い方を練習してみましょう。

être の否定形も非常によく使われます。最初のうちに、この否定形もブロックとしてすらすら言えるように練習しておくと、簡単に使いこなせるようになるでしょう。

▶047

êtreの否定形（ない、いない、～ではない）	
je **ne** suis **pas**	nous **ne** sommes **pas**
tu **n'**es **pas**	vous **n'**êtes **pas**
il **n'**est **pas**	ils **ne** sont **pas**
elle **n'**est **pas**	elles **ne** sont **pas**

活用形が es, est, êtes のときは、否定の ne が省略されて n' になること（エリジオン）に注意します。

左ページと同じように、日本やフランスの都市名を使って、Je ne suis pas à Osaka.（私は大阪にいません）などの文を、いろいろ主語を変えて言ってみましょう。

Exercices

048

次の日本語に相当する文を、フランス語で言ってみましょう。

例　彼女は名古屋にいます。　　Elle est à Nagoya.

1）私はストラスブール (Strasbourg) にいます。

2）君は札幌にいるの？

3）オリヴィエ (Olivier) は広島にいません。

4）私たちはリヨン (Lyon) にいます。

■ 動詞 être の用法

049

動詞 être は、うしろにさまざまな要素を伴います。どのようなものが être のうしろに来るか、見てみましょう。

① **主語の身分・国籍・職業など**

Je ***suis*** japonais.　　私は日本人です。

Hélène ***est*** médecin.　　エレーヌは医者です。

② **主語を説明する名詞や形容詞など**

Paul ***est*** grand*.　　ポールは背が高いです。

＊形容詞の使い方については、Leçon 6で勉強します。

①と②で、être のうしろに来る文の要素を**属詞**といいます。英文法で言う補語にあたります。

③ **前置詞に導かれる語句など**

Ils ***sont*** à Londres.　　彼らはロンドンにいます。

Naoya ***est*** de* Chiba.　　ナオヤは千葉出身です。

＊ de = ～から、～出身の

■国籍・身分・職業などの言い方

050

être のうしろに主語の国籍や身分や職業を表す属詞が来るときには、冠詞がつきません。また国籍を表す語は英語と違って小文字で始めるのが普通です。次の例で比較してみましょう。

Il est ***américain***.　　彼はアメリカ人です。

Laure est ***peintre***.　　ロールは画家です。

またフランス語では多くの場合、男性か女性かによってつづりや発音が変わります。通常、女性形は男性形のうしろに **e** をつけます。また複数になると最後に **s** がつきます。「学生」と「日本人」という2つの単語の例で見てみましょう。

	男性	女性
単数	étudiant	étudiante
複数	étudiants	étudiantes

男性	女性
japonais	japonaise
japonais	japonaises

051

女性を表す e が最後につくと、男性形で発音されなかった最後の子音が発音されます（最後の子音が s の場合は [z] と発音します）。次のそれぞれの文を口に出して言ってみましょう。

Il est étudiant.　彼は学生です。
Elle est étudiante.　彼女は学生です。
Il sont étudiants.　彼らは学生です。
Elles sont étudiantes.　彼女らは学生です。

上の文の étudiant（学生）を japonais（日本人）に置き換えて言ってみましょう。　052

ただし professeur（先生）、médecin（医者）のように男女で形が変わらないものや、chanteur / chanteuse（歌手）、acteur / actrice（俳優）のように、不規則な変化をするものもあります。

次の基本的な語彙を使って、いろいろと主語を変えて練習してみましょう。　053

japonais(e) 日本人	français(e) フランス人	américain(e) アメリカ人
étudiant(e) 学生	employé(e) 会社員	professeur 先生
médecin 医者	chanteur / chanteuse 歌手	acteur / actrice 俳優

Exercices

054

次のそれぞれの質問に対して、Oui または Non に続けて、日本語の意味に合った文を書いてみましょう。

例　Paul est américain ?　ポールはアメリカ人ですか？

– Non, il n'est pas américain.　いいえ、アメリカ人ではありません。

1) Elle est actrice ?　彼女は女優ですか？

– Oui, ...　はい、女優です。

2) Hiroki est employé ?　ヒロキは会社員ですか？

– Non, ...　いいえ、会社員ではありません。

3) Vous êtes d'Osaka* ?　あなたは大阪出身ですか？

– Oui, ...　はい、大阪出身です。

4) Céline est française ?　セリーヌはフランス人ですか？

— Non, ...　いいえ、フランス人ではありません。

＊「～出身」の意味を表す de のうしろに母音で始まる語がくると、省略されて d' に変わります（エリジオン）。この場合、d' はうしろの母音に続けて発音します。

■疑問文の作り方

▶055

フランス語で疑問文を作る方法には次の3つがあります。

1. 文末のイントネーションを上げる

文の最後に **?** をつけて、文末のイントネーションを上げるやり方で、日常会話では最もよく使われます。

Elle parle anglais. 彼女は英語を話します。 → Elle parle anglais **?** 彼女は英語を話しますか？

Vous aimez la musique **?** あなたは音楽が好きですか？

2. 文頭に Est-ce que をつける

文の最初に **Est-ce que** をつけるやり方で、これも会話でよく使われます。Est-ce que は「～ですか？」の意味で、あとの文が疑問文であることがよりはっきりと示されます。うしろの文が il(s) や elle(s) など、母音または無音の h で始まるときはエリジオンして **Est-ce qu'** となります。

Est-ce que tu travailles aujourd'hui ? 君は今日は仕事するの？

Est-ce qu'elle est française ? 彼女はフランス人ですか？

3. 倒置を使う

主語と動詞を倒置させるやり方で、おもに文章で使われます。主語が代名詞のときは主語と動詞の順序を入れ替えて、動詞と主語を**トレ・デュニオン**（ハイフン）で結びます。

Habitez-vous à Paris ? あなたはパリに住んでいますか？

主語が三人称単数の代名詞 il または elle で、動詞の活用が e か a で終わるときは、発音を整えるために t をはさんで、動詞に続けて **-t-il / -t-elle** とします。

Parle-t-il français ? 彼はフランス語を話しますか？

主語が代名詞ではなく名詞の文を倒置疑問文にするときは、主語の位置はそのままで、その名詞を代名詞に変えたものを動詞のあとに置きます。この形はほとんど文章でしか使われません。

Jacques ***cherche-t-il*** un appartement ? ジャックはアパルトマンを探しているのですか？

 次の疑問文を、Est-ce que をつける疑問文と、倒置による疑問文に書き換えてみましょう。

▶056

1) Vous étudiez le japonais ? あなたは日本語を勉強しているのですか？

....

2) Elle aime le sport ? 彼女はスポーツが好きですか？

....

■疑問文への答え方

▶057

疑問文に対して、「はい」や「いいえ」で答えるときは、**Oui**（はい）または **Non**（いいえ）を使います。ただし否定疑問文に対して肯定で答える場合は、次の例のように **Si** を使います。

Vous n'êtes pas étudiant ? あなたは学生ではないのですか？

– ***Si***, je suis étudiant. – いいえ、私は学生です。

– ***Non***, je ne suis pas étudiant. – はい、私は学生ではありません。

1 Exercices actifs

058

次の動詞を使った表現の例を参考に、「今日やること」「この週末にするつもりのこと」を言ってみましょう。また例として挙げた動詞以外の -er 形の動詞も自分で調べて使ってみましょう。

- étudier le français / l'anglais　フランス語 / 英語を勉強する
- chanter dans un karaoké　カラオケで歌う
- travailler dans un restaurant　レストランで働く
- regarder la télévision　テレビを見る
- écouter de la musique　音楽を聴く
- jouer au tennis / au football　テニス / サッカーをする

2 仏検対応問題に挑戦！

次の 1) ～ 4) の絵に相当する文を、それぞれ① ②から選びなさい。

1)

① Il est étudiant.
② Il est professeur.

2)

① Elle travaille.
② Elle ne travaille pas.

3)

① Elle chante.
② Elle danse.

4)

① Ils sont à la gare.
② Ils sont à la maison.

3 日本語の意味になるように、次の動詞のリストから適当なものを選んで活用させ、(　　)に入れてください。

aimer　chercher　être　habiter　parler　travailler

1) 彼女は駅の近くのホテルを探しています。

Elle (　　　　　　) un hôtel près de la gare.

2) 私はイタリア語が話せません。

Je ne (　　　　　　) pas italien.

3) あなたはフランス人ですか？

Est-ce que vous (　　　　　　) française ?

4) 彼らはリヨンに住んでいます。

Ils (　　　　　　) à Lyon.

5) 私たちは美術館で働いています。

Nous (　　　　　　) dans un musée.

4 仏検対応問題に挑戦！　059

フランス語の文1)～5)を、それぞれ3回ずつ聞いてください。どの文にもかならず数が含まれています。その数を書きなさい。

1) ……………

2) ……………

3) ……………

4) ……………

5) ……………

5 Exercices actifs　060

1) ペアになって、ひとりが次のそれぞれの質問を相手にしてみましょう。

2) さらにもうひとりは自分の立場でその質問に答えましょう。Oui / Non / Si に肯定文または否定文を続けて答えてください。

例 Est-ce que vous aimez les légumes ?　あなたは野菜が好きですか？
→ Oui, j'aime les légumes.　はい、私は野菜が好きです。
→ Non, je n'aime pas les légumes.　いいえ、私は野菜が好きではありません。

1) Est-ce que tu regardes la télévision ?　君はテレビは見るの？

2) Aimez-vous la lecture ?　読書は好きですか？

3) Tu n'aimes pas les mangas ?　君はマンガは好きじゃないの？

4) Vous n'êtes pas fatigué(e) ?　あなたは疲れていませんか？

5 Tu as des frères et sœurs ?

▶061

A : Tu as des frères et sœurs ? 君には兄弟や姉妹はいるの？

B : Oui, j'ai un frère et deux sœurs. うん、兄が1人と妹が2人いるよ。

A : Il y a une télévision ici ? ここにテレビはありますか？

B : Non, il n'y a pas de télévision. いいえ、テレビはありません。

■ 動詞 avoir の活用

▶062

動詞 avoir は「持っている」という意味で、英語の have に相当します。よく使われる不規則動詞ですので、活用に慣れて覚えてしまいましょう。

avoir（持っている）	
j' **ai**	nous **avons**
tu **as**	vous **avez**
il **a**	ils **ont**
elle **a**	elles **ont**

主語が je のとき、うしろが母音のため省略されて **j'** となります（エリジオン）。
主語が il / elle のときは、主語と動詞 a を続けて発音します（アンシェヌマン）。
nous, vous, ils, elles のときは、主語の最後の s を [z] と発音して、動詞の母音に続けます（リエゾン）。

avoir のあとには「～を」という意味を表す**直接目的補語**がきます。

Catherine ***a*** une voiture. カトリーヌは自動車を持っています。

J'***ai*** deux cousins. 私にはいとこが2人います。

une bicyclette（自転車）、des livres（本）などの名詞を目的補語にして、avoir の活用を練習しましょう。また次のイラストと単語を参考に、「～を持っている」という意味のいろいろな例文を作ってみましょう。

▶063

un ordinateur

deux chats

du café

des amis

avoir の否定形もよく使われます。この否定形もそのままブロックとしてすらすらと言えるように覚えてしまいましょう。

▶064

avoirの否定形（持っていない）	
je **n'ai pas**	nous **n'avons pas**
tu **n'as pas**	vous **n'avez pas**
il **n'a pas**	ils **n'ont pas**
elle **n'a pas**	elles **n'ont pas**

どの主語の場合でも、否定の ne がエリジオンして **n'** になることに注意します。

■ 否定の冠詞 de

肯定文で直接目的補語の名詞についている不定冠詞 (un / une / des) や部分冠詞 (du / de la / de l') は、否定文になると **de** という形に変わります。また、この de はうしろの名詞が母音字や無音の h で始まるときはエリジオンして **d'** となります。 ▶065

Marie n'a pas ***de*** frères.　マリーには兄弟はいません。　(← Marie a des frères.)
Ils n'ont pas ***d'***argent.　彼らはお金を持っていません。　(← Ils ont de l'argent.)

上の avoir の否定形に de を続けて、je n'ai pas de... , tu n'as pas de... というようにすらすら言えるように練習しましょう。さらに Je n'ai pas de bicyclette. / Elle n'a pas de livres. のように、前に使った名詞を用いて、「～を持っていない」という例文をいくつも作ってみましょう。 ▶066

Exercices ▶067

次の日本語に相当する文を、フランス語で言ってみましょう。

1. 私はペン (un stylo) を持っています。 ……………………
2. あなたはペンを持っていますか？ ……………………
3. 彼女はペンを持っていません。 ……………………
4. 君はペンを持ってないの？ ……………………

■ Il y a の用法 ▶068

Il y a は「～がある、いる」の意味で、英語の there is, there are に相当します。Il y a のうしろには単数名詞でも、複数名詞でも置くことができます。Il y a も、Voilà や C'est などと同じ「提示の表現」のひとつです。

Il y a une bibliothèque.　図書館があります。
Il y a des enfants dans la classe.　教室に何人かの子どもたちがいます。

Il y a の il は英語の it に相当するような形式的な主語（「非人称の il」と呼ばれる）、a は動詞 avoir の活用形です。うしろの名詞は avoir の直接目的補語になります。

Il y a の否定形は **Il n'y a pas**（〜がない）です。Il y a のうしろには不定冠詞や部分冠詞がついた名詞が続くことが多いのですが、これらの冠詞は否定文では **de** に変わります（否定の冠詞 de）。Il n'y a pas de〜と覚えてしまいましょう。

Il n'y a pas de bibliothèque.　図書館はありません。

Il n'y a pas d'enfants dans la classe.　教室に子どもはいません。

次の名詞を使って、単数形・複数形で「〜がある、〜がない」の言い方を練習してみましょう。 ▶069

1) livre 本　2) orange オレンジ　3) crayon 鉛筆　4) table テーブル

Exercices

次の日本語に相当する文を、フランス語で言ってみましょう。 ▶070

1）ひとりの男の子 (garçon) がいます。 ....

2）何脚かの椅子 (chaises) があります。 ....

3）ラジオ (radio) がありません。 ....

4）鳥 (oiseaux) がいません。 ....

■ avoir を使う慣用的な表現 ▶071

フランス語では、次のような表現では avoir が使われます。英語と違うところも意識して覚えましょう。

①「お腹がすいた」など

J'ai (avoir)	**faim.** お腹がすきました。	soif. のどが渇きました。
	sommeil. 眠いです。	
	chaud. 暑いです。	froid. 寒いです。

②「〜が痛い」

J'ai mal (avoir)	**à la tête.** 頭が痛いです。
	au ventre. お腹が痛いです。
	aux dents. 歯が痛いです。

上の 3 つはそのままの言い方で覚えてしまいましょう。

③ 年齢の言い方

J'ai (avoir)	**dix-huit ans.** 18歳です。
	dix-neuf ans. 19歳です。
	vingt ans. 20歳です。

それぞれ、数字と ans を続けて発音することに注意しましょう。「1 歳」ならば単数なので un an となり、s はつきません。　La fille a ***un an***. その女の子は 1 歳です。

左ページの①と②で、faim などの前あるいは mal の前に **très** をつけると「とても」、**un peu** をつけると「少し」のニュアンスをつけることができます。 072

J'ai ***très*** faim.　私はとてもお腹がすいています。

Il a ***un peu*** mal à la tête.　彼は少し頭が痛いです。

これらを使って、いろいろな言い方を練習しましょう。また主語を変えて言ってみましょう。

数字 2（20 ～ 60）

073

20から60までの数字の言い方を覚えましょう。

20 vingt　**21** vingt et un　**22** vingt-deux　**29** vingt-neuf
30 trente　**31** trente et un　**32** trente-deux　**39** trente-neuf
40 quarante　**50** cinquante　**60** soixante

◆ 20台から60台までは、1の位が1のときは10の位の数字に et un を続けます。et un の部分は10の位の最後の t の音と et をつなげて「テアン」と発音されます。

◆ 1の位が2～9のときは、10の位と1の位とをトレ·デュニオン（ハイフン）でつなげます。

自己紹介のしかた

074

次の例を参考に、下の語彙を使って自己紹介をしてみましょう。

Bonjour ! Je m'appelle Akari.　こんにちは！　私の名前はアカリです。

Je suis étudiante. J'ai dix-huit ans.　私は学生です。私は18歳です。

J'aime les mangas.　私はマンガが好きです。

☆ dix-huit ans 18歳　dix-neuf ans 19歳　vingt ans 20歳

☆ la musique 音楽　le sport スポーツ　le cinéma 映画
la lecture 読書　les jeux vidéo ビデオゲーム

相手の名前を尋ねるときは Vous vous appelez comment ?（あなたのお名前は何ですか？）/ Tu t'appelles comment ?（君の名前は何ていうの？）などと言います。ペアになって、相手の名前を尋ねる練習をしてみましょう。 075

6 C'est un garçon sympathique.

▶076

A : Tu aimes Pierre ? ピエールは好き？

B : Oui, c'est un garçon sympathique. うん、彼はいい男の子だよ。

A : Voilà le nouveau sac. これが新しいカバンです。

B : Les chaussures sont nouvelles aussi. 靴も新しいですね。

■ 形容詞の位置

▶077

形容詞には「大きな美術館」(un grand musée) のように、名詞を修飾する用法と、「そのドレスは赤い」(La robe est rouge.) のように、être のあとに置かれて属詞となる用法があります。

名詞を修飾する用法では、形容詞が名詞の前に置かれる場合と名詞のあとに置かれる場合があります。次のように短くてよく使われる形容詞は、英語と同じように前から名詞を修飾します。

bon よい	mauvais 悪い	grand 大きい	petit 小さい	beau 美しい
joli かわいい	jeune 若い	nouveau 新しい	vieux 古い、年とった	haut 高い

un ***petit*** chien 小さな犬　　une ***jeune*** femme 若い女性

しかしそれ以外の形容詞は、原則としてうしろから名詞を修飾します。とくに色や国籍を表す形容詞は短くてもうしろから名詞にかかります。

un livre ***intéressant*** 面白い本　　un chapeau ***bleu*** 青い帽子

したがってフランス語では、形容詞が前とうしろの両方から名詞を修飾することもあります。

un ***jeune*** étudiant ***français*** 若いフランス人学生

■ 形容詞の性と数

▶078

フランス語の形容詞は、修飾する名詞または属詞として説明する名詞が、男性名詞か女性名詞か、単数か複数かによって形が変化します。原則として女性形は語尾に **e** をつけ、複数形は **s** をつけます。また女性・複数形は **es** を語尾につけます。

	男性	女性
単数	grand	grand**e**
複数	grand**s**	grand**es**

grand のように、形容詞の男性形が子音で終わっている場合、女性形の e がつくとこの子音が発音されます。男性形 grand は「グラン」ですが、女性形の grande は「グランド」と発音します。ただし複数形の s がついても発音は変わりません。

un ***grand*** lit 大きなベッド　　une ***grande*** maison 大きな家

de* ***grands*** bateaux 大きな船　　de ***grandes*** villes 大都市

＊ 複数形の形容詞が名詞の前に置かれると、複数の不定冠詞 des は de に変わります。

男性単数形の形容詞を、女性単数形、男性複数形、女性複数形に変え、発音してみましょう。

079

男性単数	女性単数	男性複数	女性複数
petit 小さな			
joli かわいい			
vert 緑色の			

Exercices

080

それぞれの文について、[　　] の中の形容詞を文脈に合う形に変えなさい。変えなくてもいい場合はそのまま書きなさい。

1）私は緑色のドレスを持っています。 J'ai une robe (　　　　). [vert]

2）それらは興味深い映画です。 Ce sont des films (　　　　). [intéressant]

3）彼女はフランスの歌が好きです。 Elle aime les chansons (　　　　). [français]

4）それはおいしい白ワインです。 C'est un bon vin (　　　　). [blanc]

■ 特殊な語尾変化をする形容詞

形容詞の女性形、複数形の作り方は前の項目で学んだ通りですが、それに比べてやや不規則な語尾変化をする形容詞があります。それらについて見ていきましょう。

① 決まった語尾変化のパターンを持つ形容詞

081

次のような語尾を持つ形容詞は、決まったパターンで女性形を作ります。

-f → -ve	sportif	→ sportive	スポーツ好きの
-x → -se	heureux	→ heureuse	幸福な
-er → -ère	dernier	→ dernière	最後の
-el → -elle	naturel	→ naturelle	自然な
-en → -enne	parisien	→ parisienne	パリの
-on → -onne	bon	→ bonne	よい

また jeune（若い）、rouge（赤い）など、もともと男性形が e で終わる形容詞は、女性形も語尾変化せずそのままです。

② 不規則な女性形を持つ形容詞

082

次のものは不規則な女性形をもつ形容詞の中でもよく使われます。

blanc → **blanche** 白い　　frais → fraîche 新鮮な
long → longue 長い　　doux → **douce** 甘い

③ 男性第２形を持つ形容詞

083

形容詞のなかには、母音や無音の h で始まる男性名詞の前にくる時に使われる「男性第２形」を持つものもあります。下の3つの形容詞はよく使われる上に、女性形もとくに重要なので、まず基本的な男性単数形と女性形を覚えましょう。男性第２形は、女性形の語尾を少し縮めた形です。

男性形		男性第２形	女性形
beau	美しい	bel	**belle**
nouveau	新しい	nouvel	**nouvelle**
vieux	古い、年とった	vieil	**vieille**

un ***beau*** garçon ハンサムな少年（男性形）
un ***nouvel*** album 新しいアルバム（男性第２形）
une ***vieille*** église 古い教会（女性形）

これらの形容詞の男性複数形は、beau, nouveau は語尾に x がついて beaux, nouveaux となります。また vieux はもともと男性単数形が x で終わっているので、男性複数形もそのままです。

次の男性単数形の形容詞を語尾変化させ、発音してみましょう。

084

男性単数		女性単数	男性複数	女性複数
actif	活動的な	…………	…………	…………
bon	よい	…………	…………	…………
italien	イタリアの	…………	…………	…………

Exercices

085

それぞれの文について、[　　] の中の形容詞を文脈に合う形に変えなさい。変えなくてもいい場合はそのまま書きなさい。

1） 男の子たちは活発です。　Les garçons sont (　　　　　).　[actif]
2） そのテーブルはとても軽いです。　La table est très (　　　　　).　[léger]
3） これは美しい鳥ですね。　C'est un (　　　　　) oiseau.　[beau]
4） 彼女たちはパリ出身です。　Elles sont (　　　　　).　[parisien]

■ 指示形容詞

▶086

指示形容詞とは、あるものを指して「この」「その」「あの」の意味を表す言葉のことをいいます。フランス語では「この」「あの」のように近いものと遠いものは区別しません。指示形容詞はうしろに続く名詞の性・数によって形が変わります。

	単数			複数		
男性	ce (cet)*	**ce** livre	この本	ces	**ces** livres	これらの本
		cet album	このアルバム		**ces** albums	これらのアルバム
女性	cette	**cette** table	このテーブル		**ces** tables	これらのテーブル
		cette adresse	このアドレス		**ces** adresses	これらのアドレス

＊ うしろが母音や無音の h で始まる男性名詞のときは cet を使います。指示形容詞のあとに母音や無音の h で始まる名詞がくるとアンシェヌマンまたはリエゾンするので発音に注意しましょう。

◆ 指示形容詞がついた名詞のあとに -ci や -là をつけて遠近を区別することもあります。

Cf. cette lettre-***ci*** この手紙

✎ それぞれの名詞に指示形容詞をつけてみましょう。 ▶087

1) (　　　　) jardin 庭　　2) (　　　　) filles 少女たち

3) (　　　　) étoile 星　　4) (　　　　) appartement アパルトマン

曜日・月・季節

▶088

1週間の曜日の名前、1年の月の名前、四季の言い方を知っておきましょう。

月曜 **lundi**　火曜 **mardi**　水曜 **mercredi**　木曜 **jeudi**

金曜 **vendredi**　土曜 **samedi**　日曜 **dimanche**

1月 **janvier**　2月 **février**　3月 **mars**　4月 **avril**

5月 **mai**　6月 **juin**　7月 **juillet**　8月 **août**

9月 **septembre**　10月 **octobre**　11月 **novembre**　12月 **décembre**

春 **printemps**　夏 **été**　秋 **automne**　冬 **hiver**

日付の言い方

▶089

フランス語で日付を言うときは、定冠詞 **le** をつけて le 10 (10日) のように表します。ただし1日は **le 1er** (=le premier) と言います。premier は「1番目の」の意味です。

月の名前は日付の数字のあとに、曜日は le と日付の数字の間に入れます。

le 18 mai　5月18日

le jeudi 15 octobre　10月15日木曜日

RÉVISIONS 3

1 Exercices actifs

▶090

ペアになって、お互いに次の avoir を使った質問をし、答える練習をしましょう。

1) Est-ce que vous avez des frères et sœurs ? あなたは兄弟や姉妹はいますか？

（答え方の例） Oui, j'ai un frère [deux sœurs] . はい、兄がひとり［妹が2人］います。

Non, je n'ai pas de frères et sœurs. いいえ、兄弟も姉妹もいません。

2) Tu as faim ［ soif / sommeil ］ ? 君はお腹がすいているの［のどが渇いているの / 眠いの］？

（答え方の例） Oui, j'ai ［ très / un peu ］ faim. うん、［とても / 少し］お腹がすいているよ。

Non, je n'ai pas sommeil. いや、眠くないよ。

 仏検対応問題に挑戦！

▶091

フランス語の文 1)～5）をそれぞれ3回ずつ聞き、それらにふさわしい絵を、それぞれ①、②から選んでください。

1) ①

②

2) ①

②

3) ①

②

4) ①

②

5) ①

②

3 フランス語で「日付と曜日」がそれぞれ3回ずつ読み上げられます。1) ～ 4) の（　　　）に入る語を書き入れなさい。 ▶092

1) le (　　　　　　) 7 mars

2) le lundi 14 (　　　　　　)

3) le mercredi (　　　　　　) octobre

4) le dimanche 31 (　　　　　　)

4 日本語の意味になるように、(　　　) の中の名詞と形容詞を使って文を完成させなさい。形容詞や名詞は文に合う形に変え、語順も適当に並び替えなさい。

1) 彼女は青色のドレスを着ています。

Elle porte une (robe / bleu).

....

2) ジャックは2匹の子犬を飼っています。

Jacques a deux (chien / petit).

....

3) あそこに何台かのアメリカ製の古い自動車がありますよ。

Voilà de (voiture / américain / vieux).

....

4) それは若い日本人歌手です。

C'est un (chanteur / jeune / japonais).

....

5 **仏検対応問題に挑戦！**

次の1) ～ 4) において、それぞれ① ～ ③をすべて用いて、与えられた日本語に対応する文を完成したときに、(　　) 内に入るのはどれですか。① ～ ③の中から1つずつ選びなさい。

1) これはフランス製の自動車です。

C'est .... (　　　　) ....

① française　② une　③ voiture

2) 私は頭が痛いです。

J'ai .... (　　　　) .... tête.

① à　② la　③ mal

3) あのきれいな白い家をごらんなさい。

Regardez cette .... (　　　　) .... !

① blanche　② jolie　③ maison

4) 砂糖がありません。

Il n'y .... (　　　　) .... sucre.

① a　② de　③ pas

7 Je finis à quatre heures.

▶093

A : Vous finissez ce travail à cinq heures ? その仕事は5時に終わりますか？

B : Non, je finis à quatre heures. いいえ、4時に終わります。

A : Tu sors souvent avec ta mère ? 君はよくお母さんと出かけるの？

B : Oui, je sors souvent avec ma mère. うん、母とはよく出かけるよ。

■ 動詞の種類と現在形の活用

フランス語の動詞には、すでに学んだ -er 形の第 1 群規則動詞の他にもさまざまな動詞があります。全ての動詞の原形（不定形）は、次のいずれかの語尾を持ちます。

- **-er 形** parler（話す）、aller（行く）など
- **-ir 形** finir（終える）、partir（出発する）など
- **-re 形** être（～である）、prendre（取る）など
- **-oir 形** avoir（持っている）、vouloir（～したい）など

このうち、規則動詞には第 1 群規則動詞（-er 形）と、次に学ぶ第 2 群規則動詞（-ir 形）の 2 種類があります。

それ以外の動詞は不規則動詞となります。不規則動詞の現在形の活用にもある程度の規則性があり、とくに -er 形以外の動詞には次の活用語尾のパターンがよく見られることを知っておくといいでしょう。

-er形以外の活用の基本パターン	
je —— **s**	nous —— **ons**
tu —— **s**	vous —— **ez**
il —— **t**	ils —— **ent**
elle —— **t**	elles —— **ent**

◆ 一部の動詞はこの基本パターンからやや変化した活用をします。また不規則動詞の中でも être, avoir, aller（行く → p. 42）、faire（する、作る → p. 48）などの活用はとくに変則的なので個別に覚えるようにしましょう。

■ -ir 形の規則動詞（第2群規則動詞）

-er 形の第 1 群規則動詞の次に多いのが、原形が **-ir** で終わる第 2 群規則動詞です。このグループは nous, vous, ils, elles の活用語尾に -ss- のつづりが現れるのが特徴です。

▶094

finir（終える、終わる）	
je finis	nous finissons
tu finis	vous finissez
il finit	ils finissent
elle finit	elles finissent

Le cours ***finit*** à midi.
その授業は12時に終わります。

Les garçons ***finissent*** de jouer.
男の子たちは遊ぶのをやめます。

◆ 第２群規則動詞には finir の他に、choisir（選ぶ）、réussir（成功する）、réfléchir（よく考える）、grandir（大きくなる）などがあります。

上の例にならって、動詞 choisir の活用を書き、発音してみましょう。 ▶095

choisir（選ぶ）

je …………	nous …………
tu …………	vous …………
il …………	ils …………
elle …………	elles …………

Exercices

▶096

[　　] の中の動詞を活用させて、日本語の意味になるように文を作ってみましょう。

1）彼女は黄色い帽子を選びます。　Elle (　　　　　　) le chapeau jaune.　[choisir]

2）赤ちゃんはすぐに大きくなります　Les bébés (　　　　　　) vite.　[grandir]

3）彼らは泳ぐのに成功します。　Ils (　　　　　　) à nager.　[réussir]

■ -ir 形の不規則動詞（partir, sortir など）

同じ -ir の語尾をもつ動詞でも、第２群規則動詞とは異なる活用をする不規則動詞がいくつかあります。これらの動詞は nous, vous, ils などでも -ss- のつづりが現れません。その中でも partir（出発する）や dormir（眠る）などは同じ活用パターンをもちます。

▶097

partir（出発する）	
je pars	nous partons
tu pars	vous partez
il part	ils partent
elle part	elles partent

dormir（眠る）	
je dors	nous dormons
tu dors	vous dormez
il dort	ils dorment
elle dort	elles dorment

◆ partir と同じパターンで活用する動詞には、dormir の他に sortir（外出する）、servir（給仕する、役立つ）、sentir（感じる）などがあります。

 上の例にならって、動詞 sortir の活用を書き、発音してみましょう。 098

sortir（外出する）

je	....	nous	....
tu	....	vous	....
il	....	ils	....
elle	....	elles	....

Exercices

099

[　] の中の動詞を活用させて、日本語の意味になるように文を作ってみましょう。

1）コーヒーをお出ししましょう。 Je (　　　　) du café. [servir]

2）ルイーズはよく眠っています。 Louise (　　　　) bien. [dormir]

3）あなたは明日出発するのですか？ Vous (　　　　) demain ? [partir]

■所有形容詞

100

「私の」「あなたの」など所有を表す語を所有形容詞といいます。フランス語の所有形容詞は、持ち主の人称の他に、あとに続く名詞の性・数によって形が変わります。次の表で所有形容詞の形を見ていきましょう。

	男性単数	女性単数	複数（男女共通）
私の	mon	ma (mon)*	mes
君の	ton	ta (ton)*	tes
彼の、彼女の、それの	son	sa (son)*	ses
私たちの	notre		nos
あなたの、君の あなたたちの	votre		vos
彼らの、彼女らの それらの	leur		leurs

mon père　私の父
ma mère　私の母
mes enfants　私の子どもたち
sa chambre　彼（女）の部屋
notre maison　私たちの家
vos élèves　あなたの生徒たち

＊ うしろが母音や無音の h で始まる女性名詞のときは mon, ton, son を使います。
mon adresse　私のアドレス

◆ mon, ton, son のあとに母音や無音の h で始まる語がくるとリエゾンして [n] の音が入ります。また s で終わる複数形の所有形容詞のあとに母音や無音の h で始まる語が続くと [z] の音が入ります。　***son*** appartement　彼（女）のアパルトマン　***tes*** enfants　君の子どもたち

◆ フランス語の所有形容詞の形はあくまでうしろの名詞の性・数によって決まります。英語の his と her のように、所有者の性別によって形が変わることはありません。たとえば sa maison は「彼の家」「彼女の家」の両方を指し、どちらの意味になるかは文脈で判断します。

日本語の意味になるように、次のそれぞれの (　　) に所有形容詞を入れてみましょう。 ▶101

1) 私の靴 (　　　　) chaussures　　2) あなたの弟 (　　　　) frère
3) 彼女の本 (　　　　) livre　　4) 彼らのクラス (　　　　) classe
5) 私たちの両親 (　　　　) parents

家族を表す語彙

▶102

父、母、姉、妹など、家族（la famille）を表す語彙を知っておきましょう。
「私の」という所有形容詞をつけて言ってみましょう。

父 **mon père**　　母 **ma mère**　　両親 **mes parents**
兄・弟 **mon frère**　　姉・妹 **ma sœur**　　いとこ **mon cousin / ma cousine**
祖父 **mon grand-père**　　祖母 **ma grand-mère**　　祖父母 **mes grands-parents**
おじ **mon oncle**　　おば **ma tante**　　夫 **mon mari**　　妻 **ma femme**
息子 **mon fils**　　娘 **ma fille**

時刻の表現

▶103

「いま何時ですか？」「3時です」のように、時刻の表現は日常生活でひんぱんに出てきます。次の例を参考に、時刻の言い方を練習しましょう。

Quelle heure est-il ?　いま何時ですか？
– Il est trois heures dix.　3時10分です。

◆「いま～時です」というときには **Il est ... heure(s).** と言います。この il は特定の人やものをささない非人称の主語です。

◆ 1時は une heure、2時からは heures と複数形にします。heure(s) は無音の h で始まるので、前の数字とリエゾンまたはアンシェヌマンすることに注意しましょう。

Il est une heure.　1時です。　　Il est cinq heures.　5時です。
Il est midi.*　昼の12時です。　　Il est minuit.*　夜中の12時です。

＊「12時」は douze heures のかわりに多くの場合 midi / minuit を使います。

Il est deux heures et quart.　2時15分です。
et demie.　2時半です。
moins dix.　2時10分前です。
moins le quart.　2時15分前です。

フランス語では多くの場合、時刻を4h 30のように書き表します。次の時刻を言ってみましょう。
また「いま何時ですか？」「…時です」のような会話で練習しましょう。 ▶104

1) 1h 40　　2) 4h 30　　3) 9h 15　　4) 11h 55

8 On va au restaurant ?

▶105

A : On va au restaurant ce soir ? 今晩レストランに行きましょうか？
B : D'accord. Avec plaisir ! いいよ。喜んで！

A : Tu vas sortir cet après-midi ? 君は今日の午後は出かけるの？
B : Oui, je vais aller à la piscine. うん、プールに行くつもりだよ。

■ 動詞 aller と venir の活用

「行く」という意味の動詞 aller は、原形の語尾は -er ですが非常に不規則な活用をします。何度も発音して慣れるようにしましょう。

▶106

aller（行く）	
je vais	nous allons
tu vas	vous allez
il va	ils vont
elle va	elles vont

aller à ... は「～に行く」の意味を表します。次の例を参考にいろいろな例文を作ってみましょう。

Je ***vais à*** Paris. 私はパリに行きます。　Vous ***allez à*** Sapporo ? あなたは札幌に行きますか？

「来る」という意味の動詞 venir もやや不規則な活用をします。

▶107

venir（来る）	
je viens	nous venons
tu viens	vous venez
il vient	ils viennent
elle vient	elles viennent

よく似た活用をする動詞には devenir（なる）、revenir（戻る）、tenir（つかむ）などがあります。

venir de ... は「～から来る、～出身である」の意味を表します。次の例を参考にいろいろな例文を作ってみましょう。

Je ***viens de*** Nagoya. 私は名古屋出身です。　Ils ***viennent d'***Osaka. 彼らは大阪から来ます。

■ 前置詞 à / de と定冠詞の縮約

▶108

前置詞 à と de のあとに定冠詞の le や les がくると、前置詞と冠詞が結びついて次のような縮約形になります。これらの前置詞と定冠詞が続いた場合、à le や de les などとせずに必ず縮約形にします。

à + le =**au**	Il va ***au*** restaurant.	彼はレストランに行きます。
à + les =**aux**	Je vais ***aux*** États-Unis.	私はアメリカに行きます。
de + le =**du**	Elle revient ***du*** marché.	彼女は市場から戻ります。
de + les =**des**	Louis sort ***des*** toilettes.	ルイはトイレから出てきます。

◆ 前置詞 à や de のあとに la や l' が続く場合は縮約形にならず、そのままです。

Je vais ***à la*** gare. 私は駅に行きます。

Ils viennent ***de l'***aéroport. 彼らは空港から来ます。

◆ du は男性名詞につく部分冠詞と同じ形、des は複数名詞につく不定冠詞と同じ形ですので、文脈によって区別しましょう。

✎ 次のそれぞれの (　　) に前置詞 + 定冠詞の適当な形を入れてみましょう。 ▶109

1) 私は映画に行きます。 Je vais (　　　　) cinéma.

2) 彼女は学校から帰ります。 Elle rentre (　　　　) école.

3) 君は買い物に行くの？ Tu vas (　　　　) courses ?

4) これは劇場の入口です。 C'est l'entrée (　　　　) théâtre.

■ 近接未来（近い未来）と近接過去（近い過去）

1. 近接未来（近い未来）

▶110

aller + 動詞の原形	**これから〜する、〜するつもりだ**

〈aller + 動詞の原形〉 で「これから〜する」「〜するつもりだ」のように、「近接未来（近い未来）」の意味を表すことができます。英語の be going to に相当する構文で、現在とつながった未来のイメージを表します。

Elle ***va partir*** dans dix minutes. 彼女は10分後に出発します。

Je ***vais travailler*** dans une école. 私は学校で働くつもりです。

◆ 〈**aller** + **動詞の原形**〉は「〜しに行く」の意味になることもあります。どちらの意味になるかは文脈で判断します。 Paul ***va chercher*** sa fille à la gare. ポールは娘を駅に迎えに行きます。

2. 近接過去（近い過去） ▶111

venir de + 動詞の原形	～したところだ

〈**venir de + 動詞の原形**〉は「～したところだ」のように、「近接過去（近い過去）」の意味を表します。こちらも venir de（～から来る）の意味から類推されるように、現在とつながった過去のイメージです。

Jules ***vient de*** finir ses devoirs. ジュールは宿題を終えたところです。

◆〈**venir** + **動詞の原形**〉は「～しに来る」の意味になります（こちらは de が入らないことに注意します）。

Elles ***viennent*** dîner chez nous. 彼女らは私たちの家に夕食を食べに来ます。

■ 主語になる代名詞 on

▶112

on は主語として使われる三人称単数の代名詞で、「人、人々」のように不特定の人をさします。また日常会話ではひんぱんに「私たち」の意味で nous の代わりに使われます。三人称単数の代名詞ですので、「私たち」の意味で使われる場合も、動詞の形は il や elle のときと同じです。

On mange très bien en France. フランス語では食べ物がとてもおいしいです。

On va au concert ce weekend ? この週末はコンサートに行きましょうか？

on は上の例文のように、「～しましょう」「～しましょうか？」と人を誘ったりする場合によく使われます。On y va.（行きましょう）/ On y va ?（行きましょうか？）は日常でよく使う表現です。

◆ on は倒置疑問文 (→ p. 25) で、動詞の活用が e か a で終わるときは、-t-on の形になります。

Parle-t-on français ici ? ここではフランス語が通じますか？

前置詞

▶113

フランス語のおもな前置詞をまとめておきましょう。前置詞は数がそれほど多くない割に応用範囲が広いので、覚えておくととても役に立ちます。

à	～に、～へ (to, at)	**de**	～の、～から (of, from)
pour	～のために (for)	**par**	～によって (by)
avec	～と、～で (with)	**sans**	～なしで
sur	～の上に (on)	**sous**	～の下に (under)
dans	～の中に (in)	**en**	～に、～で (in)
avant	［時］～の前に (before)	**après**	［時］～のあとで (after)
devant	［場所］～の前に (in front of)	**derrière**	［場所］～のうしろに (behind)
depuis	～以来、～前から (since)	**pendant**	～の間に (during)
chez	～の家に		

◆ dans と en の違い：dans は「空間」、en は「状態」のニュアンスが強く、また en のうしろにはたいてい冠詞のつかない名詞がきます。

Elle écoute de la musique ***dans*** le train. 彼女は電車の中で音楽を聴きます。

Elle va à l'université ***en*** train. 彼女は電車で大学に行きます。

Exercices

▶114

日本語の意味になるように、それぞれの文の（　　）に前置詞を入れてみましょう。

1) フルーツはテーブルの上にあります。　Les fruits sont (　　　　) la table.

2) カフェの前に自動車が１台停まっています。　Il y a une voiture (　　　　) le café.

3) 彼女は友だちと旅行に行きます。　Elle part en voyage (　　　　) ses amies.

4) 私は祖父母の家で夕食を食べます。　Je dîne (　　　　) mes grands-parents.

国名・国籍・言語

▶115

世界の国の名前と国籍などについての語彙を学びましょう。

1. フランス語では国の名前にも男性名詞と女性名詞の区別があり、le や la などの定冠詞がつきます。少数の例外を除いて e で終わる国名は女性名詞、それ以外は男性名詞です。

   le Japon 日本　　la France フランス

2. 「アメリカ」は複数形の国名です。les États-Unis (=「合衆国」the United States)

3. 国名の形容詞形は英語と違い小文字で始めます。また性・数で変化します。「〜人」と名詞にする場合は、この形容詞形を大文字で始めます。

   japonais / japonaise 日本の　　les Français フランス人

4. 形容詞の男性形に定冠詞をつけると「〜語」の意味になります。これも小文字で始めます。

   le japonais 日本語　　le français フランス語

5. 「〜に、〜で」の意味を表すには、男性名詞の国名には au、女性名詞または母音で始まる国名には en、複数名詞の国名には aux をつけます。

   au Japon 日本に　　en France フランスに　　aux États-Unis メリカに

	国名	形容詞	言語	〜に、〜で
日本	le Japon	japonais(e)	le japonais	au Japon
フランス	la France	français(e)	le français	en France
イギリス	l'Angleterre	anglais(e)	l'anglais	en Angleterre
イタリア	l'Italie	italien(ne)	l'italien	en Italie
アメリカ	les États-Unis	américain	l'anglais	aux États-Unis
中国	la Chine	chinois(e)	le chinois	en Chine
韓国	la Corée	coréen(ne)	le coréen	en Corée

1 日本語の意味になるように、次の動詞のリストから適当なものを選んで活用させ、(　　　)に入れてください。

aller　choisir　dormir　finir　partir　revenir　servir　venir

1) 彼は6時に仕事を終えます。

Il (　　　　　　　) son travail à six heures.

2) 私は妹とコンサートに行きます。

Je (　　　　　　　) au concert avec ma sœur.

3) 赤ちゃんはとてもよく眠っています。

Le bébé (　　　　　　　) très bien.

4) あなたはこれらの本を選びますか？

Vous (　　　　　　　) ces livres ?

5) 彼らは明日の朝戻ってきます。

Ils (　　　　　　　) demain matin.

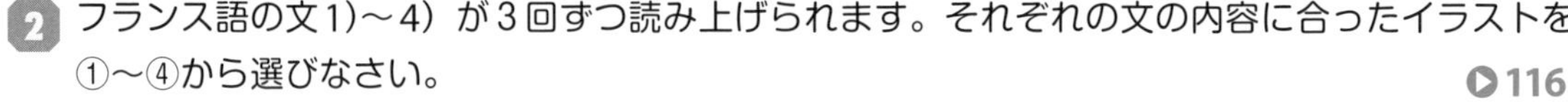

2 フランス語の文1)～4) が3回ずつ読み上げられます。それぞれの文の内容に合ったイラストを①～④から選びなさい。　116

1) ....　2) ....　3) ....　4) ....

①

②

③

④

3 Exercices actifs ▶117

ペアになって、いろいろな場所に行くための移動手段についてお互いに質問し、答えてみましょう。

例）– Vous allez (Tu vas) à l'université à pied ?

– Oui, je vais à l'université à pied. / Non, je vais à l'université en train.

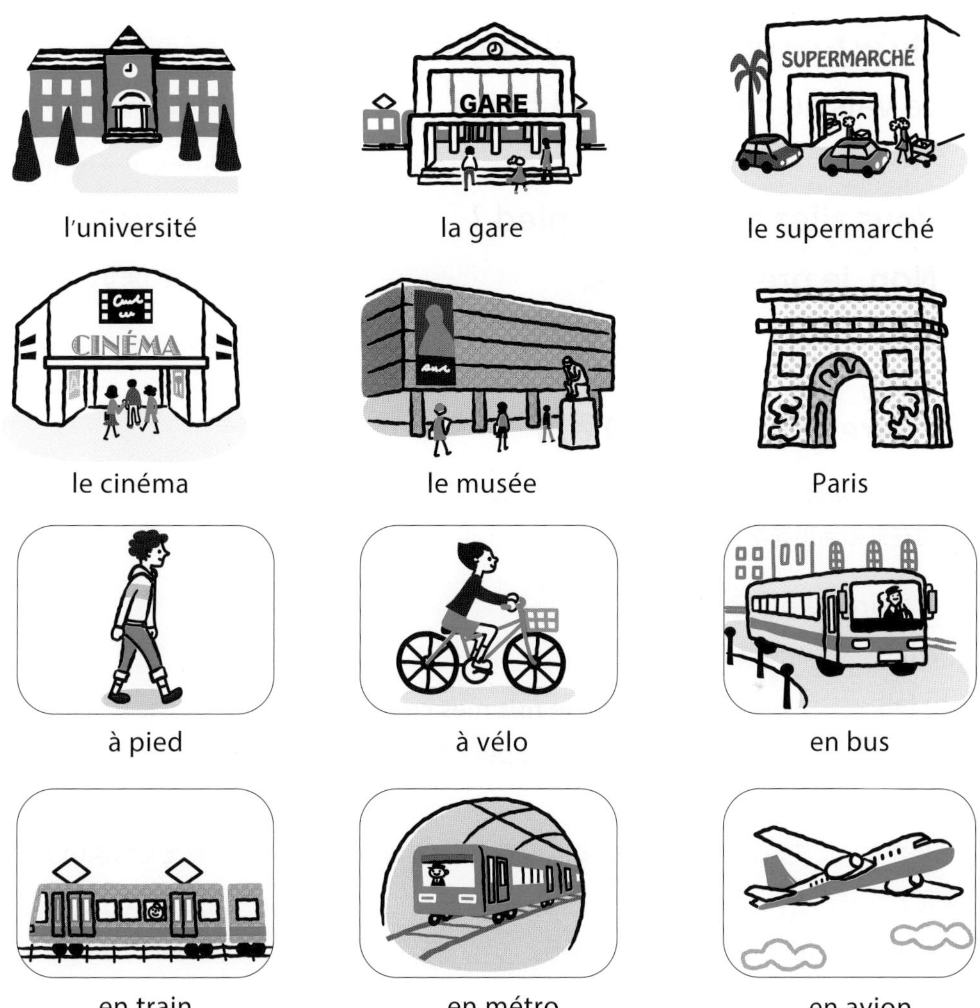

l'université　la gare　le supermarché

le cinéma　le musée　Paris

à pied　à vélo　en bus

en train　en métro　en avion

4 仏検対応問題に挑戦！

次の 1）～ 4）において、日本語で示した特徴を持たない語を、それぞれ ① ～ ③ のなかから 1 つずつ選んでください（わからない単語は巻末の単語リストで確認しましょう）。

1）方角　① nord　② sud　③ vingt

2）家族　① ami　② père　③ sœur

3）色　① blanc　② rue　③ vert

4）季節　① hiver　② jupe　③ printemps

9 Qu'est-ce que tu fais aujourd'hui ?

▶118

A : Qu'est-ce que tu fais aujourd'hui ? 今日は何をするの？
B : Je vais au cinéma avec Louise. ルイーズと映画に行くのよ。

A : Vous allez au musée à pied ? 美術館には歩いて行くのですか？
B : Non, je prends le bus. いいえ、バスに乗ります。

■ 動詞 faire と prendre の活用

原形が -re の語尾を持つ不規則動詞のなかでも、とくによく使われる faire（する、作る）と prendre（取る）の現在形の活用を学びましょう。

▶119

faire（する、作る）	
je fais	nous faisons
tu fais	vous faites
il fait	ils font
elle fait	elles font

Je ***fais*** mes courses [devoirs]. 私は買い物［宿題］をします。
Mon père ***fait*** du café au lait. 父はカフェオレをいれます。

faire は活用がとくに変則的な不規則動詞ですので、何度も繰り返し練習して覚えてしまいましょう。

◆ nous が主語のときの faisons の発音は例外的で、「フゾン」と発音します。vous のときの語尾が -es になることにも注意しましょう。

▶120

prendre（取る）	
je prends	nous prenons
tu prends	vous prenez
il prend	ils prennent
elle prend	elles prennent

Je ***prends*** un dessert. 私はデザートを取ります。
Il ***prend*** son petit déjeuner. 彼は朝食を食べます。
Vous ***prenez*** le train ? あなたは電車に乗りますか？

◆ 原形が -dre で終わる不規則動詞は、il や elle が主語のときの活用語尾の最後に t がつかず、d で終わります。

◆ prenons, prenez の発音は「プルノン」「プルネ」となるので注意します。また prennent のつづりは n が2つ重なることにも注意しましょう。

◆ prendre の派生語である **comprendre**（理解する）、**apprendre**（学ぶ）なども同じように活用します。

次のそれぞれの (　　) に動詞 faire または prendre を適当な形に活用させたものを入れましょう。 ▶121

1) 私は冬にスキーをします。　Je (　　　　) du ski en hiver.

2) 彼女はリンゴのタルトを作ります。　Elle (　　　　) une tarte aux pommes.

3) あなたは紅茶を飲みますか？　Vous (　　　　) du thé ?

4) タクシーに乗りましょう。　On (　　　　) un taxi.

■ 命令文の作り方 ▶122

命令文は動詞の命令形を使って作ります。命令形には、tu で話す相手に対して「～しなさい」というくだけた命令、vous で話す相手に対して「～してください」というていねいな命令、そして自分たち (nous) に向かって言う「～しましょう」という命令の 3 種類があり、それぞれ動詞の現在形の tu, vous, nous の形を使います。次の表で見ましょう。

	tu に対して 「～しなさい」	vous に対して 「～してください」	nous に対して 「～しましょう」
chanter 歌う	Chante	Chantez	Chantons
finir 終える	Finis	Finissez	Finissons
aller 行く	Va	Allez	Allons
faire する、作る	Fais	Faites	Faisons

◆ 第 1 群規則動詞（-er 形）と aller は、tu に対する命令で語尾の s (tu chantes, tu vas) がなくなります。

être と avoir の命令形は次のように不規則な活用になります。

	tu に対して 「～しなさい」	vous に対して 「～してください」	nous に対して 「～しましょう」
être	Sois	Soyez	Soyons
avoir	Aie	Ayez	Ayons

「～してはいけません」などの否定命令文は、命令形の動詞を ne と pas ではさんで作ります。

Ne regarde ***pas*** la télévision.　テレビを見てはいけません。

日本語の意味になるように、[　　　] の動詞を使って .... を補い、命令文を作ってみましょう。 ▶123

1) 5 時までに宿題を終えなさい。　.................... tes devoirs avant cinq heures. [finir]

2) 一緒に働きましょう。　.................... ensemble. [travailler]

3) 子どもには優しくしなさい。　.................... gentils pour les enfants. [être]

4) 教室から出てはいけません。　.................... de la classe. [sortir]

5) 公園に行くのをやめましょう。　.................... au parc. [aller]

■ 疑問詞を使った疑問文

▶124

ここでは「誰ですか？」「いつですか？」のように、疑問詞を使った疑問文の作り方を学びます。まずよく使われる疑問詞をまとめておきましょう。

いつ?	Quand ?	どこ?	Où ?
どのように?	Comment ?	なぜ?	Pourquoi ?
いくつ? いくら?	Combien ?	何?	Que / Quoi ?
誰?	Qui ?		

◆「何を（に）？」という意味の疑問文を作る場合は、文の最初に **Qu'est-ce que** を置くか、文の途中や最後に **quoi** を入れます。また「何が？」という疑問文を作るときは Qu'est-ce qui ...? とします。

Qu'est-ce que tu fais ? = Tu fais ***quoi*** ?　君は何をしてるの？

◆ Pourquoi を使った疑問文には、**Parce que**（なぜなら）のあとに文を続けて答えます。

Pourquoi est-ce que vous ne mangez pas ?　なぜ食べないのですか？
– ***Parce que*** je n'ai pas faim.　– お腹がすいていないからです。

疑問詞を使った疑問文を作るのには、おもに次のような方法があります。

① 文中にそのまま疑問詞を挿入する。

Vous allez au concert avec ***qui*** ?　あなたは誰とコンサートに行くのですか？

② 疑問詞のあとに est-ce que をつける。

Quand *est-ce que** tu arrives ?　君はいつ着くの？

* Quand est-ce que はリエゾンして「カンテスク」と発音します。

③ 疑問詞を文頭に置き、そのあとに倒置疑問文を続ける。

Pourquoi ne vient-il pas ?　彼はなぜ来ないのですか？

◆ 以上の他に、通常の語順で疑問詞だけを前に出す場合もあります。

Comment tu étudies le français ?　どうやってフランス語を勉強するの？

①と②はややくだけた日常会話で使われる表現、③はより形式的な表現で、文章で多く使われます。

日本語の意味になるように、(　　) に疑問詞を入れて文を完成しましょう。 ▶125

1) 彼女はどこで働いているのですか？　(　　　　) est-ce qu'elle travaille ?

2) この映画についてどう思いますか？　(　　　　) trouvez-vous ce film ?

3) このジャケットはいくらですか？　C'est (　　　　), cette veste ?

4) デザートは何をとりますか？　(　　　　)est-ce que vous prenez comme dessert ?

■ 疑問形容詞 quel

126

「どの（どんな）～ですか？」と尋ねるときは疑問詞 **quel** を使います。quel は文中で形容詞的な働きをするので**疑問形容詞**と呼ばれます。疑問形容詞は対応する名詞の性・数によって形が変わります。

男性単数	quel	女性単数	quelle
男性複数	quels	女性複数	quelles

quel を使った疑問文には次のようなものがあります。

① 名詞を修飾して、**〈 quel + 名詞 ? 〉**の形で**「どの～ですか？」**の意味になる。

Vous préférez ***quelle*** couleur ?　あなたはどの色が好きですか？

② **〈 quel est ... ? / quels sont ... ? 〉**の形で**「～は何 (どんな) ですか？」**の意味になる。

Quel est votre numéro de téléphone ?　あなたの電話番号は何番ですか？

次のそれぞれの文について、(　　　) に適切な quel の形を入れてみましょう。　127

1) 君はどの本を選ぶの？　Tu choisis (　　　　) livres ?

2) あなたは何時に着きますか？　Vous arrivez à (　　　　) heure ?

3) ポールはどの村に住んでいるのですか？　Paul habite dans (　　　　) village ?

4) 彼はどんな歌が好きなの？　(　　　　) sont ses chansons préférées ?

天候の言い方

128

フランス語で「天気がいい」「今日は暑い」などと言いたいときは、faire を使って Il fait ... と表します。この Il は特定の人やものをささない非人称の主語です。

Il fait beau.　天気がいいです。
mauvais.　天気が悪いです。
chaud.　暑いです。
frais.　涼しいです。
froid.　寒いです。

また「雨が降っている」「雪が降っている」などは faire を使わず、次のように言います。

Il pleut. 雨が降っています。　**Il neige.** 雪が降っています。

「曇っている」という場合は、**Il y a des nuages.** (= 雲がある) と言えばいいでしょう。

「どんな天気ですか？」と尋ねるときは、次のように言いましょう。

Quel temps fait-il (aujourd'hui) ?　いま (今日は) どんな天気ですか？

◆ temps は「時間」という意味の単語ですが、「天気」の意味でも使われます。

10 Je la regarde tous les soirs.

▶129

A : Vous aimez regarder la télévision ? テレビを見るのは好きですか？
B : Oui, je la regarde tous les soirs. ええ、毎晩見ていますよ。

A : On va au cinéma ce weekend ? この週末は映画に行こうか？
B : Moi, je préfère rester à la maison. 私は家にいるほうがいいな。

■ 直接目的補語と間接目的補語

「私を」「あなたに」のように動詞が示す動作の対象となる語を**目的補語**（英語では目的語）といいます。このうち前置詞などを介さずに動詞に直接つながるものを**直接目的補語**（直接目的語）、à などの前置詞によって動詞と間接につながるものを**間接目的補語**（間接目的語）といいます。ほとんどの場合、直接目的補語は日本語で**「〜を」**となり、間接目的補語は**「〜に」**と訳されます。

◆ voir（〜に会う）、rencontrer（〜に出会う）などの動詞の目的補語は「〜に」と訳されますが、動詞の直後にくるので、直接目的補語となります。

Je *rencontre* Hugo en ville. 私はユゴーに町で出会います。

■ 直接・間接目的補語の代名詞

▶130

直接目的補語と間接目的補語は代名詞になるとそれぞれ次のようになります。

直接目的補語	私を	君を	彼を それを	彼女を それを	私たちを	あなた（君たち、あなたたち）を	彼らを それらを	彼女らを それらを
	me (m')	te (t')	le (l')	la (l')	nous	vous	les	les
間接目的補語	私に	君に	彼に	彼女に	私たちに	あなた（君たち、あなたたち）に	彼らに	彼女らに
	me (m')	te (t')	lui	lui	nous	vous	leur	leur

フランス語では目的補語は**代名詞**になると動詞の直前に置かれます。

Je cherche Lucie. 私はリュシーを探しています。→ Je ***la*** cherche. 私は**彼女を**探しています。

Elle téléphone souvent à ses parents. 彼女はよく両親に電話します。

→ Elle ***leur*** téléphone souvent. 彼女はよく**彼らに**電話します。

また目的補語の代名詞は、否定文では次の例のように ne のあと、動詞の前に置かれます。

Jacques ne ***le*** mange pas. ジャックは**それを**食べません。

◆ me, te, le, la はうしろに母音や無音の h で始まる語がくると m', t', l', l' とエリジオンします。

◆ nous, vous, les はうしろに母音や無音の h で始まる語がくるとリエゾンして最後の s を [z] と発音します。

◆ le, la, les は人と物の両方に使われ、「彼（ら）を・彼女（ら）を」の他に「それ（ら）を」の意味にもなります。一方で間接目的補語の代名詞は人だけに使われ、物をさすことはありません。「それに・それらに」の意味を表すのには y という代名詞が使われます。

次のそれぞれの文について、日本語に合う直接目的補語の代名詞を入れ、発音してみましょう。 131

1) 彼女が君を探してるよ。 Elle ( ) cherche.

2) あなたはそれらをどこで買いますか？ Vous ( ) achetez où ?

3) 私の犬は私のことが大好きなんだよ。 Il ( )aime beaucoup, mon chien !

さらに次の文について、日本語に合う間接目的補語の代名詞を入れ、発音してみましょう。 132

1) あなたにプレゼントを差し上げましょう。 Je ( ) donne un cadeau.

2) レアは彼に手紙を送るでしょう。 Léa va ( ) envoyer une lettre.

3) 今晩ぼくに電話してくれる？ Tu ( ) téléphones ce soir ?

■ 目的補語の代名詞を使う命令文 133

命令文（肯定命令文）では、直接・間接目的補語の代名詞は命令形の動詞のうしろに置き、動詞とトレ・デュニオン（ハイフン）で結びます。このとき「私を（に）」は me ではなく強勢形の **moi** という形が使われます。

Il y a une belle maison. Regarde-***la***. 美しい家がありますよ。ご覧なさい。

Donnez-***moi*** du sel, s'il vous plaît. 私に塩をください。

否定命令文では目的補語の代名詞を ne と動詞の間に入れます。この場合トレ・デュニオンはつきません。

Ne ***lui*** téléphonez pas encore. まだ彼女に電話してはいけません。

■ 強勢形の代名詞 134

直接・間接目的補語代名詞の他に、動詞から独立して使われる代名詞があり、それらは**強勢形**の代名詞と呼ばれます。まずは強勢形の代名詞の形を確認しておきましょう。

私	君	彼	彼女	私たち	あなた、君たち、あなたたち	彼ら	彼女ら
moi	**toi**	**lui**	**elle**	**nous**	**vous**	**eux**	**elles**

◆ 間接目的補語と違い、彼 (lui) と彼女 (elle)、彼ら (eux) と彼女ら (elles) は形が異なるので注意します。

強勢形の代名詞が使われるのは、次のような場合です。

① 主語や直接目的補語を強調する。または単独で使われる。

Moi, je prends un café. Et ***toi*** ?　僕はコーヒーにするけど、君は？

② 前置詞とともに使われる。

Vous allez dîner avec ***elle*** ?　あなたは彼女と夕食を食べるのですか？

③ C'est や比較級の que (→ p. 58) などのあとで使われる。

Le frère de Jacques, c'est ***lui***.　ジャックのお兄さんというのは彼です。

次のそれぞれの文について、日本語に合う強勢形の代名詞を入れ、発音してみましょう。　135

1) 君は僕と一緒に来ないの？　(　　　), tu ne viens pas avec moi ?

2) 今日は彼女の家でケーキを作りましょう。　Aujourd'hui, on fait un gâteau chez (　　　).

3) ニコラのいとこというのは、あなたですか？　Le cousin de Nicolas, c'est (　　　) ?

4) サラは彼らのために歌を歌います。　Sarah chante une chanson pour (　　　).

■ 代名動詞

「自分自身を（に）」という意味を表す再帰代名詞 se が原形につく動詞を**代名動詞**といいます。よく使われる代名動詞には次のようなものがあります。　136

起きる	se lever	寝る	se coucher
散歩する	se promener	休む	se reposer
～という名前である	s'appeler	（～に）興味がある	s'intéresser (à)
自分の身体を洗う	se laver	座る	s'asseoir

◆ たとえば上の se lever は、「起こす」という意味の動詞 lever に「自分を」の意味の se がついて、「自分を起こす」→「起きる」の意味になります。ほとんどの代名動詞はこのようにもととなる動詞に「自身を（に）」の意味の se を付加して作られます。

◆ うしろの動詞が母音または無音の h で始まる場合、se はエリジオンして **s'** となります。

代名動詞の現在形の活用は、再帰代名詞 se が主語によって形が変化し、次のようになります。　137

se coucher（寝る）	
je me couche	nous nous couchons
tu te couches	vous vous couchez
il se couche	ils se couchent
elle se couche	elles se couchent

s'intéresser (à)（～に興味がある）	
je m'intéresse	nous nous intéressons
tu t'intéresses	vous vous intéressez
il s'intéresse	ils s' intéressent
elle s'intéresse	elles s' intéressent

◆ 再帰代名詞は、単数と複数の三人称 se 以外はこの課で学んだ直接・間接目的補語と同じ形です。主語と再帰代名詞の組み合わせ (je me, tu te, il se ...) は全ての代名動詞に共通なので、まずそこの部分を覚えてしまうといいでしょう。

◆ se に続く動詞が母音または無音の h で始まる場合、me, te, se はエリジオンして m' , t' , s' となります。また再帰代名詞の nous と vous はリエゾンして [z] の音が入ります。

◆ se lever, se promener, s'appeler はやや不規則な活用をする -er 形動詞です。活用表で確認しましょう。

代名動詞の否定形は、〈再帰代名詞 + 動詞〉を ne と pas ではさみます。次の例で見ましょう。

se coucher（寝る）の否定形	
je ne me couche pas	nous ne nous couchons pas
tu ne te couches pas	vous ne vous couchez pas
il ne se couche pas	ils ne se couchent pas
elle ne se couche pas	elles ne se couchent pas

代名動詞の命令文（肯定命令文）では、再帰代名詞は命令形の動詞のうしろに置き、動詞とトレ・デュニオン（ハイフン）で結びます。このとき「君自身を（に）」は te ではなく強勢形の **toi** が使われます。

Reposez-vous bien. よく休んでください。　　***Lève-toi*** tout de suite ! すぐに起きなさい。

否定命令文では再帰代名詞は ne と命令形の動詞の間に入れます。トレ・デュニオンはつきません。

Ne ***vous couchez*** pas encore. まだ寝てはいけません。

日本語の意味になるように、[　　] の代名動詞を活用させて文を完成させましょう。　**138**

1) 私は毎朝7時に起きます。　Je .... tous les matins à sept heures.　[se lever]

2) 私たちはよくお互いに電話します。　Nous .... souvent.　[se téléphoner]

3) 彼女はシャルロットという名前です　Elle .... Charlotte.　[s'appeler]

4) ジュールは映画に興味がありません。Jules .... au cinéma.　[s'intéresser]

5) 手を洗ってください。　................ les mains, s'il vous plaît.　[se laver]

数字 3（70 以上）　**139**

70から上の数字の言い方を覚えましょう。フランス語では60から99までの数字は20進法に変わるので注意します。

69 soixante-neuf	**70** soixante-dix	**71** soixante et onze	**72** soixante-douze
80 quatre-vingts	**81** quatre-vingt-un	**90** quatre-vingt-dix	**100** cent
101 cent un	**200** deux cents	**201** deux cent un	**1000** mille

◆ cent は10と1の位が00の場合のみ、複数で s がつきます。mille は複数でも s がつきません。

1 Exercices actifs

▶140

1日の行動を表すさまざまな文を使って、それを何時にするのかを言ってみましょう。

例）Je me lève à sept heures.　私は7時に起きます。

Je déjeune à midi et quart.　私は12時15分にお昼を食べます。

Je me lève.

Je prends mon petit déjeuner.

Je pars de la maison.

J'arrive à l'université.

Je déjeune.

Je fais mes courses.

Je rentre.

Je dîne.

Je me couche.

2 仏検対応問題に挑戦！

▶141

フランス語の文1)～4)を、それぞれ3回ずつ聞いてください。どの文にもかならず数が含まれています。その数を書きなさい。

1) ....

2) ....

3) ....

4) ....

3 次のそれぞれの文について、文脈に合うように適当な直接・間接目的補語または強勢形の代名詞を（　　　）に入れなさい。

1) Demain, ma cousine vient chez nous. Je vais au musée avec (　　　　).

2) Cécilia a une belle robe rouge. Elle (　　　　) porte souvent.

3) Mes parents habitent à Marseille et je (　　　　) parle au téléphone.

4) Tu finis tes cours à cinq heures ? Je (　　　　) attends* à la porte de l'université.

＊ attends < attendre 待つ

4 次の 1)～6) の問いかけにふさわしい返答の文を、右のⓐ～ⓕから選びなさい。

1) Qui est-ce sur la photo ?	(　　)	ⓐ À l'ouest de Lyon.
2) Comment t'appelles-tu ?	(　　)	ⓑ Un bon restaurant.
3) Où habitez-vous ?	(　　)	ⓒ Vers midi.
4) Pourquoi tu ne viens pas ?	(　　)	ⓓ Moi, c'est Nicolas.
5) Qu'est-ce que vous cherchez ?	(　　)	ⓔ C'est mon frère Jacques.
6) Ils arrivent à quelle heure ?	(　　)	ⓕ Parce que je suis occupée.

5 **仏検対応問題に挑戦！**

次の 1）～5）の（　　　）内に入れるのに最も適当なものを、それぞれ①～③のなかから１つずつ選びなさい。

1) Elle (　　　) pour Lyon.

① pars　　② part　　③ partent

2) Je (　　　) du tennis.

① fais　　② faites　　③ font

3) Vous (　　　) ce livre ?

① comprends　　② comprenez　　③ comprennent

4) Ils (　　　) à l'aéroport.

① allons　　② va　　③ vont

5) (　　　) tes devoirs tout de suite.

① Finis　　② Finissez　　③ Finissons

11 Pierre est plus grand que Michel.

▶142

A : Pierre est plus grand que Michel. ピエールはミシェルより背が高いね。
B : Mais il est moins grand que Thomas. でも彼はトマほど背が高くないよ。

A : Je pars le plus tôt possible. できるだけ早く出発します。
B : Alors je vous attends à la gare. それでは、駅で待ってますよ。

■ 形容詞と副詞の比較級

▶143

「～よりも……だ」などの意味を表す**比較級**には、次の 3 種類があります。下の表の ... の部分には形容詞または副詞が入り、que のあとには比較の対象がきます。フランス語の比較級・最上級は英語のように形容詞や副詞を語尾変化させることはなく、下の定型にあてはめるだけで作れます。

plus ... que ～	～よりも……だ
aussi ... que ～	～と同じくらい……だ
moins ... que ～	～ほど……ではない

plus は「プラス（+）」、moins は「マイナス（−）」と覚えておくといいでしょう。aussi は「同じく、また」の意味も持つ単語です。フランス語では〈moins ... que ～〉の言い方も日常的に使われます。**「よりもずっと」**と比較の意味を強調するときは、plus や moins の前に **beaucoup** をつけます。

Cf. ***beaucoup plus*** jeune　ずっと若い

◆ plus や moins のあとに母音または無音の h で始まる語がくるとリエゾンして [z] の音がはさまります。

◆ que のあとに母音または h で始まる語がくるとエリジオンして **qu'** となります。また que のあとに代名詞がくるときは強勢形を使います。

Marion est ***plus*** grande ***que*** sa sœur.　マリオンは彼女の妹よりも背が高いです。
Sylvain nage ***aussi*** vite ***que*** Léonard.　シルヴァンはレオナールと同じくらい速く泳ぎます。
Aujourd'hui, il fait ***moins*** froid ***qu'***hier.　今日は昨日ほど寒くありません。

◆ 数量や程度を表す beaucoup「よく、多く」の比較には plus (de) ...「より多く（の）～」、autant (de) ...「同じくらい多く（の）」、moins (de) ...「より少なく（少ない）～」を用います。比較の対象は que で示します。

Il a ***autant de*** chaussures ***que*** moi.　彼は私と同じくらい多くの靴を持っています。

日本語の意味になるように、(　　) に適当な比較表現を入れて文を完成させましょう。　▶144

1) ジュリーはカミーユと同じくらいスポーツ好きです。　Julie est (　　　) sportive que Camille.

2) 彼女の方が私よりずっと年上です。　Elle est beaucoup (　　　) âgée que moi.

3) テオはニコラほど背が高くありません。　Théo est (　　　) grand que Nicolas.

■ 形容詞と副詞の最上級　▶145

「〜のうちで最も……だ」の意味を表す最上級は、比較級で学んだ plus と moins の前に定冠詞をつけて作ります。下の表の ... の部分には形容詞または副詞が入り、de 以下は「〜のうちで」と比べる範囲を表します。フランス語では〈le / la / les moins ... de 〜〉の方も日常的に使われます。

le / la / les plus ... de 〜	〜のうちで最も……だ
le / la / les moins ... de 〜	〜のうちで最も……ではない

形容詞を使った最上級の場合は、定冠詞は形容詞の性・数に一致して **le, la, les** を使い分けます。**副詞**の場合には **le のみ**が使われます。

◆ de のうしろに母音または無音の h で始まる語がくるとエリジオンして **d'** となります。またうしろに定冠詞がくると縮約 (→ p. 43) が起こって du や des などの形になります。

Le Mont Fuji est ***la plus*** haute montagne ***du*** Japon.　富士山は日本で一番高い山です。
Cet hôtel est ***le moins*** cher ***de*** la ville.　このホテルは町でいちばん安いです。
Inès est la fille ***la plus*** intelligente ***de*** la classe.　イネスはクラスで一番頭がいい女の子です。

◆ 名詞のあとにくる形容詞の場合は、すぐ上の例のように名詞につく定冠詞と最上級を作るための定冠詞の2つが重なることになります。

◆ 程度や数量を表す beaucoup「とても、多く」の最上級は **le plus (de) ...**「最も多く（の）〜」、**le moins (de) ...**「最も少なく（少ない）〜」を用います。比較の範囲は de で示します。

Alex travaille ***le plus de*** tous les élèves. アレックスは生徒たち全員のなかで一番よく勉強します。

日本語の意味になるように、(　　) に適当な最上級の表現を入れて文を完成させましょう。　▶146

1) ピエールはクラスで一番走るのが速いです。Pierre court* (　　) (　　　) vite de la classe.

2) この自転車は店でいちばん安いです。Cette bicyclette est (　　) (　　　) chère du magasin.

3) これは今シーズンで最も面白い本です。C'est le livre (　　) (　　　) intéressant de la saison.

＊ court < courir 走る

■ bon と bien の比較級・最上級

▶147

形容詞 bon（よい、おいしい）と**副詞 bien**（よく、上手に）は特殊な形の比較級・最上級を持っています。それぞれ見ていきましょう。

	比較級	最上級
bon（形容詞） よい、おいしい	**meilleur(e)(s) que ...** ～よりもよい / おいしい	**le meilleur de ...** **la meilleure de ...** **les meilleur(e)s de ...** ～のうちで最もよい / おいしい
bien（副詞） よく、上手に	**mieux que ...** ～よりもよく / 上手に	**le mieux de ....** ～のうちで最もよく / 上手に

◆ bon は形容詞なので、その比較級・最上級の meilleur も修飾または説明する名詞の性・数によって変化します。女性なら -e、複数なら -s、女性・複数なら -es がつきます。また最上級につく定冠詞も le, la, les と変化します。bien は副詞なので、mieux は変化しません。

Louise est ***meilleure que*** moi en anglais.　ルイーズは私よりも英語がよくできます。
Ali danse beaucoup ***mieux que*** Damien.　アリはダミアンよりずっとダンスが上手です。
Ces restaurants sont ***les meilleurs du*** quartier.　これらのレストランはこの界隈で一番おいしいです。

日本語の意味になるように、(　　) に適当な語を入れて文を完成させてください。 ▶148

1) アキはヨシキよりもフランス語を上手に話します。 Aki parle (　　　　) français que Yoshiki.
2) もっといいアパルトマンを探そう。 Cherchons un (　　　　) appartement.
3) ローラは妹の一番の親友です。 Laura est (　　) (　　　　) amie de ma sœur.

Exercices

▶149

日本語の意味になるように、[　　] の形容詞・副詞の比較級・最上級を使って下線部を補い、文を完成させてください。

1) この本はそちらの本よりも面白いです。
Ce livre-ci est ＿＿＿＿＿＿ ce livre-là. [intéressant]
2) 彼はクラスでいちばん背が高いです。
Il est ＿＿＿＿ garçon ＿＿＿＿ la classe. [grand]
3) 彼女は女の子たち全員の中で最も歌が上手です。
Elle chante ＿＿＿＿＿＿ toutes les filles. [bien]
4) 電車の方が飛行機よりも安いです。
Le train est ＿＿＿＿＿＿ l'avion. [cher]

■ attendre, répondre などの不規則動詞

語尾が -dre となる不規則動詞のうち、attendre（待つ）、répondre（答える）などは共通の活用語尾を持ち、ひとつのまとまったグループとみなすことができます。これらの動詞の活用を見てみましょう。

▶150

attendre（待つ）	
j' attends	nous attendons
tu attends	vous attendez
il attend	ils attendent
elle attend	elles attendent

répondre（答える）	
je réponds	nous répondons
tu réponds	vous répondez
il répond	ils répondent
elle répond	elles répondent

◆ このグループの動詞の特徴は、9課で学んだ prendre (→ p. 48) と同じく、三人称単数（il, elle）の活用語尾が -d となるところです。上の2つの動詞の他に、entendre（聞こえる）、descendre（降りる）、vendre（売る）などもこれと同じパターンで活用します。

J'***attends*** le bus depuis une demi-heure.　私はもう30分もバスを待っています。
Vous ***entendez*** du bruit ?　物音が聞こえますか？

左ページの例にならって、動詞 descendre の活用を書き、発音してみましょう。 ▶151

descendre（降りる）

je	....	nous	....
tu	....	vous	....
il	....	ils	....
elle	....	elles	....

順序の言い方

▶152

「～番目」または「第～」などのように順序を表すのには、基本的には数字を表す語のあとに **-ième** をつけます。ただし「1番目」と「2番目」には別の言い方があります。

1番目（の）、最初の　premier / première
2番目（の）　deuxième / second(e)

3番目（の）	troisième	4番目（の）	quatrième	5番目（の）	cinquième
6番目（の）	sixième	7番目（の）	septième	8番目（の）	huitième
9番目（の）	neuvième	10番目（の）	dixième	11番目（の）	onzième
20番目（の）	vingtième	21番目（の）	vingt et unième		

◆ 数字を表す単語が e で終わる場合は e を取って -ième を追加します。cinq は u をはさんで cinquième とし、neuf は f を v に変えて neuvième とします。

◆ vingt et unième の unième は「ユニエーム」と発音します。

◆ 数字を用いて略式に書くときは数字の右肩に小さく e をつけます。 3e 3番目（の）
ただし premier / première の場合は 1er, 1ère とします。日付の「1日」は le 1er となります (→ p. 35)。

◆ 「世紀」を略して書くときはローマ数字を用います。 le ***XXI***^{e} siècle 21世紀

12 Tu as téléphoné à Camille ?

153

A : Tu as téléphoné à Camille ? カミーユには電話したの？
B : Oui, mais elle n'a pas répondu. うん、でも彼女、電話に出なかったよ。

A : Vous êtes déjà allée à Kanazawa ? 金沢に行ったことはありますか？
B : Non, je ne suis jamais allée à Kanazawa.
いいえ、金沢には一度も行ったことがありません。

■ 複合過去の形と用法

154

フランス語で最もよく日常的に使われる過去形が複合過去です。複合過去は **avoir** または **être** の現在形を**助動詞**として用い、それに**過去分詞**を組み合わせて作ります。助動詞と過去分詞を組み合わせるので「複合」過去と呼ばれます。形は次の通りになります。

過去分詞は、-er 形の語尾を持つ第 1 群規則動詞と不規則動詞 aller の場合は **-é** の語尾となり、第 2 群規則動詞と -ir の語尾を持つ不規則動詞の大部分は **-i** の語尾、それ以外の不規則動詞の過去分詞は -u, -t, -s などの語尾になります。

複合過去は「〜した」という**過去**の意味を表すほかに、英語の現在完了と同じ形をしていることからもわかるように、完了（「〜してしまった」）や経験（「〜したことがある」）など**現在完了**の意味を表すこともあります。

Je ***suis allé*** au concert hier soir. 私は昨晩コンサートに行きました。[過去]
Il ***a*** déjà ***fini*** de manger. 彼はもう食べ終わっています。[完了]
Nous ***avons visité*** le musée une fois. 私たちはその美術館を一度訪れたことがあります。[経験]

■ avoir を使う複合過去

大部分の動詞は avoir を助動詞として複合過去を作ります。avoir を使った複合過去を肯定形と否定形で示すと次のようになります。

▶155

trouver（見つける）の複合過去	
j' ai trouvé	nous avons trouvé
tu as trouvé	vous avez trouvé
il a trouvé	ils ont trouvé
elle a trouvé	elles ont trouvé

trouverの複合過去の否定形	
je n'ai pas trouvé	nous n'avons pas trouvé
tu n'as pas trouvé	vous n'avez pas trouvé
il n'a pas trouvé	ils n'ont pas trouvé
elle n'a pas trouvé	elles n'ont pas trouvé

avoir を使って複合過去を作る主な動詞とその過去分詞を見ておきましょう。

▶156

原形	過去分詞	原形	過去分詞
parler 話す	**parlé**	**finir** 終える	**fini**
être 〜である	**été**	**avoir** 持っている	**eu**
faire する、作る	**fait**	**prendre** 取る	**pris**
attendre 待つ	**attendu**	**dormir** 眠る	**dormi**

◆ bien（よく）、beaucoup（たくさん）、déjà（すでに）、toujours（いつも）など、よく使われる短い副詞で複合過去を修飾するときは、副詞は助動詞 avoir, être と過去分詞の間に入れます。

Il ***a*** *beaucoup* ***travaillé***.　彼はよく働きました。　▶157

J'***ai*** *déjà* ***fini*** mes devoirs.　私はもう宿題を終えました。

◆ 直接・間接目的補語の代名詞を複合過去の文で使うときには、助動詞 avoir, être の前に置きます。

Je *lui* ***ai envoyé*** un e-mail.　私は彼女にメールを送りました。

◆ また直接目的補語の代名詞が複合過去の前に置かれると、過去分詞は前の代名詞に性・数の一致をします。

Il y a des pommes ici. Elle *les* ***a achetées*** hier.

リンゴはここにあります。彼女が昨日これらを買いました。

日本語の意味になるように、下線部に［　　　］の動詞の複合過去またはその否定形を入れて文を完成させましょう。　▶158

1) 彼女は昔の歌を歌いました。　Elle ________________ une vieille chanson. [chanter]

2) 私は今朝はバスに乗りませんでした。　Je ________________ le bus ce matin. [prendre]

3) 君たち、よく眠れましたか？　Vous ________ bien ________ ? [dormir]

4) 私たちは誕生日のケーキを作りました。　Nous ________________ un gâteau d'anniversaire. [faire]

■ être を使う複合過去

場所の移動や**状態の変化**を表す一部の動詞は、助動詞 être を使って複合過去を作ります。être を使った複合過去とその否定形は、次のようになります。

▶159

partir（出発する）の複合過去	
je suis parti(e)	nous sommes parti(e)s
tu es parti(e)	vous êtes parti(e)(s)
il est parti	ils sont partis
elle est partie	elles sont parties

partirの複合過去の否定形	
je ne suis pas parti(e)	nous ne sommes pas parti(e)s
tu n'es pas parti(e)	vous n'êtes pas parti(e)(s)
il n'est pas parti	ils ne sont pas partis
elle n'est pas partie	elles ne sont pas parties

◆ être を使う複合過去では、過去分詞は主語に合わせて**性・数の一致**をします。すなわち主語が女性なら **-e**、複数なら **-s**、女性・複数なら **-es** が過去分詞の語尾につきます。

◆ être を使って複合過去を作る主な動詞とその過去分詞を見ておきましょう。

▶160

原形	過去分詞	原形	過去分詞	原形	過去分詞
aller 行く	**allé**	**arriver** 着く	**arrivé**	**rester** とどまる	**resté**
tomber 落ちる 転ぶ	**tombé**	**monter** 乗る	**monté**	**descendre** 降りる	**descendu**
partir 出発する	**parti**	**sortir** 外出する	**sorti**	**venir** 来る	**venu**
devenir なる	**devenu**	**naître** 生まれる	**né**	**mourir** 死ぬ	**mort**

日本語の意味になるように、下線部に［　　］動詞の複合過去またはその否定形を入れて文を完成させましょう。

▶161

1) あなたはもうリヨンに行きましたか？　Vous .... déjà .... à Lyon ? [aller]

2) その女の子たちはここに来ませんでした。 Ces filles .... ici. [venir]

3) 母は朝の8時に出かけました。 Ma mère .... à huit heures du matin. [sortir]

4) 彼の赤ちゃんは2週間前に生まれました。

Son bébé .... il y a* deux semaines. [naître]

＊ il y a ... ～前に

Exercices

▶162

次の現在形で書かれた文を、それぞれ複合過去の文に書き換えてみましょう。

1) Luca travaille jusqu'à six heures.　リュカは6時まで働きます。

2) Elles ne vont pas au cinéma.　彼女たちは映画に行きません。

3) Théo n'est pas content de sa chambre.　テオは自分の部屋に満足していません。

4) Je lui écris* une lettre.　私は彼に手紙を書きます。

5) Nous sortons faire du jogging.　私たちはジョギングをしに出かけます。

＊ écris < écrire : 書く。過去分詞は écrit

■ 代名動詞の複合過去

163

代名動詞の複合過去も助動詞に être を使います。代名動詞の複合過去では、再帰代名詞がうしろの動詞の直接目的補語になる場合に、過去分詞は主語に性・数が一致します。

se coucher (寝る) の複合過去	
je me suis couché(e)	nous nous sommes couché(e)s
tu t'es couché(e)	vous vous êtes couché(e)(s)
il s'est couché	ils se sont couchés
elle s'est couchée	elles se sont couchées

Manon ***s'est levée*** à huit heures.　マノンは8時に起きました。

Nous ***nous sommes reposés*** sous un arbre.　私たちは木の下で休みました。

最初の主語・再帰代名詞・être の組み合わせ (je me suis, tu t'es, il s'est ...) の部分は全ての代名動詞に共通ですので、ここをセットで覚えてしまいましょう。

◆ 再帰代名詞がうしろの動詞の間接目的補語である場合は、過去分詞は主語に性・数の一致をしません。

Elles ***se sont téléphoné***.　彼女たちはお互いに電話し合いました。

さまざまな否定表現

164

通常の否定文は動詞を ne と pas ではさんで作りますが、pas のかわりに次のような語を使うとさまざまな否定のニュアンスを表すことができます。

ne ... rien	何も…ない	**ne ... personne**	誰も…ない
ne ... jamais	決して…ない	**ne ... plus**	もう…ない
ne ... aucun(e) ～	どんな～も…ない	**ne ... que ～**	～しか…ない

Je ***ne*** mange ***rien*** avant le dîner.　私は夕食前は何も食べません。

Il ***n'***y a ***personne*** dans le parc.　公園には誰もいません。

Vous ***n'***habitez ***plus*** à Paris ?　あなたはもうパリに住んでいないのですか？

◆ rien と personne と aucun(e) のついた名詞は文の主語にすることもできます。

Personne n'est venu chez moi hier.　昨日は誰も私の家に来ませんでした。

日本語の意味になるように、(　　) に適当な語を入れて文を完成させましょう。　165

1) ポールは決してサッカーをしません。　Paul ne joue (　　　　) au football.

2) 私は10ユーロしか持っていません。　Je n'ai (　　　　) dix euros.

3) この通りには車が一台も通っていません。　Il n'y a (　　　　) voiture dans cette rue.

4) 彼女は今日は何も買いませんでした。　Elle n'a (　　　　) acheté aujourd'hui.

1 Exercices actifs

次の3人についてのデータをもとに、比較級・最上級の文を作ってみましょう。

Julien :	身長	176cm
	100m走	14秒1
	フランス語	14点
	英語	16点
Amélie :	身長	158cm
	100m走	17秒5
	フランス語	19点
	英語	18点
Maxime :	身長	165cm
	100m走	19秒8
	フランス語	16点
	英語	18点

1）データを参考に、それぞれの文の（　　　）に適当な語を入れてください。

Julien est (　　　　　) grand qu'Amélie.

Maxime court (　　　　　) vite que Julien.

Amélie est la (　　　　　) des trois en français.

2）データをもとに、2つ以上の比較級・最上級の文を自分でも作ってみましょう。

....

....

2

日本語の意味に合うように、下のリストから適当な動詞を選んで複合過去の文を完成させてください。

acheter　faire　manger　prendre　se promener　sortir

1） マサトは美術館に行くのにバスに乗りました。

Masato .... le bus pour aller au musée.

2） 彼女たちは川沿いを散歩しました。

Elles .... au bord de la rivière.

3） あなたはその店で何を買いましたか？

Qu'est-ce que vous .... au magasin ?

4） 私たちは昨日は一日中外に出ませんでした。

Nous .... toute la journée hier.

5） 私は今朝から何も食べていません。

Je .... depuis ce matin.

3 Exercices actifs

166

2人ずつのペアになって、下の動詞リストをヒントに、「昨晩・昨日・前の週末に何をしましたか？」とお互いに質問し、答えてみましょう（リストにあるもの以外にもいろいろ言ってみましょう）。

例）– Qu'est-ce que vous avez fait hier soir / hier / le weekend dernier ?
(tu as fait)

· regarder la télé
· dîner dans un restaurant
· faire mes devoirs
· étudier le français
· se coucher tôt
· avoir deux cours（授業が2つある）
· faire du shopping
· aller au cinéma
· se promener
· faire mon petit boulot（アルバイトをする）etc.

....

....

....

....

フランス語の文1）～4）が３回ずつ読み上げられます。それぞれの文の内容に合ったイラストを①～④から選びなさい。

167

1）............ 2）............ 3）............ 4）............

①

②

③

④

数字の言い方

1	un / une	16	seize	80	quatre-vingts
2	deux	17	dix-sept	81	quatre-vingt-un
3	trois	18	dix-huit	82	quatre-vingt-deux
4	quatre	19	dix-neuf	90	quatre-vingt-dix
5	cinq	20	vingt	91	quatre-vingt-onze
6	six	21	vingt et un	99	quatre-vingt-dix-neuf
7	sept	22	vingt-deux	100	cent
8	huit	29	vingt-neuf	101	cent un
9	neuf	30	trente	200	deux cents
10	dix	40	quarante	201	deux cent un
11	onze	50	cinquante	1000	mille
12	douze	60	soixante	2000	deux mille
13	treize	70	soixante-dix	10 000	dix mille
14	quatorze	71	soixante et onze	100 000	cent mille
15	quinze	72	soixante-douze	1 000 000	un million

順序の言い方

1番目（の）、最初の	premier / première		
2番目（の）	deuxième, second(e)		
3番目（の）	troisième	9番目（の）	neuvième
4番目（の）	quatrième	10番目（の）	dixième
5番目（の）	cinquième	11番目（の）	onzième
6番目（の）	sixième	……	
7番目（の）	septième	20番目（の）	vingtième
8番目（の）	huitième	21番目（の）	vingt et unième

動詞活用表

うしろの数字は活用表の番号に対応しています。

acheter	5	écrire	18	préférer	10
aimer	4	être	1	prendre	24
aller	29	faire	19	recevoir	25
appeler	6	falloir	32	savoir	26
attendre	12	finir	11	venir	31
avoir	2	lire	20	voir	27
boire	13	manger	8	vouloir	28
chanter	3	mettre	21	s'asseoir	38
commencer	7	ouvrir	22	se coucher	34
connaître	14	partir	30	s'intéresser	35
courir	15	payer	9	se lever	36
devoir	16	pleuvoir	33	se promener	37
dire	17	pouvoir	23		

	不定形 過去分詞	直 説 法		命令法	備 考
		現 在	複合過去		
1	**être** **été** …である ある、いる	je suis tu es il est nous sommes vous êtes ils sont	j'ai été tu as été il a été nous avons été vous avez été ils ont été	sois soyons soyez	
2	**avoir** **eu** 持っている	j'ai tu as il a nous avons vous avez ils ont	j'ai eu tu as eu il a eu nous avons eu vous avez eu ils ont eu	aie ayons ayez	
3	**chanter** **chanté** 歌う	je chante tu chantes il chante nous chantons vous chantez ils chantent	j'ai chanté tu as chanté il a chanté nous avons chanté vous avez chanté ils ont chanté	chante chantons chantez	第 1 群 規則動詞
4	**aimer** **aimé** 好む、愛する	j'aime tu aimes il aime nous aimons vous aimez ils aiment	j'ai aimé tu as aimé il a aimé nous avons aimé vous avez aimé ils ont aimé	aime aimons aimez	第 1 群 規則動詞
5	**acheter** **acheté** 買う	j'ach**è**te tu ach**è**tes il ach**è**te nous achetons vous achetez ils ach**è**tent	j'ai acheté tu as acheté il a acheté nous avons acheté vous avez acheté ils ont acheté	achète achetons achetez	第 1 群 規則動詞 (特殊形)
6	**appeler** **appelé** 呼ぶ	j'appe**ll**e tu appe**ll**es il appe**ll**e nous appelons vous appelez ils appe**ll**ent	j'ai appelé tu as appelé il a appelé nous avons appelé vous avez appelé ils ont appelé	appelle appelons appelez	第 1 群 規則動詞 (特殊形)
7	**commencer** **commencé** 始める	je commence tu commences il commence nous commen**ç**ons vous commencez ils commencent	j'ai commencé tu as commencé il a commencé nous avons commencé vous avez commencé ils ont commencé	commence commençons commencez	第 1 群 規則動詞 (特殊形)
8	**manger** **mangé** 食べる	je mange tu manges il mange nous mang**e**ons vous mangez ils mangent	j'ai mangé tu as mangé il a mangé nous avons mangé vous avez mangé ils ont mangé	mange mangeons mangez	第 1 群 規則動詞 (特殊形)

	不定形 過去分詞	直説法		命令法	備考
		現在	複合過去		
9	**payer** **payé** 支払う	je paie (paye) tu paies (payes) il paie (paye) nous payons vous payez ils paient (payent)	j'ai payé tu as payé il a payé nous avons payé vous avez payé ils ont payé	paie [paye] payons payez	第 1 群 規則動詞 （特殊形）
10	**préférer** **préféré** より好む	je préf**è**re tu préf**è**res il préfère nous préférons vous préférez ils préf**è**rent	j'ai préféré tu as préféré il a préféré nous avons préféré vous avez préféré ils ons préféré	préfère préférons préférez	第 1 群 規則動詞 （特殊形）
11	**finir** **fini** 終える	je finis tu finis il finit nous finissons vous finissez ils finissent	j'ai fini tu as fini il a fini nous avons fini vous avez fini ils ont fini	finis finissons finissez	第 2 群 規則動詞
12	**attendre** **attendu** 待つ	j'attends tu attends il attend nous attendons vous attendez ils attendent	j'ai attendu tu as attendu il a attendu nous avons attendu vous avez attendu ils ont attendu	attends attendons attendez	同型 entendre descendre vendre
13	**boire** **bu** 飲む	je bois tu bois il boit nous buvons vous buvez ils boivent	j'ai bu tu as bu il a bu nous avons bu vous avez bu ils ont bu	bois buvons buvez	
14	**connaître** **connu** 知っている	je connais tu connais il connaît nous connaissons vous connaissez ils connaissent	j'ai connu tu as connu il a connu nous avons connu vous avez connu ils ont connu	connais connaissons connaissez	
15	**courir** **couru** 走る	je cours tu cours il court nous courons vous courez ils courent	j'ai couru tu as couru il a couru nous avons couru vous avez couru ils ont couru	cours courons courez	
16	**devoir** **dû, due** **dus, dues** 〜しなければならない	je dois tu dois il doit nous devons vous devez ils doivent	j'ai dû tu as dû il a dû nous avons dû vous avez dû ils ont dû		

不定形 過去分詞		直説法		命令法	備考
		現在	複合過去		
17	**dire** **dit** 言う	je dis tu dis il dit nous disons vous **dites** ils disent	j'ai dit tu as dit il a dit nous avons dit vous avez dit ils ont dit	dis disons dites	
18	**écrire** **écrit** 書く	j'écris tu écris il écrit nous écrivons vous écrivez ils écrivent	j'ai écrit tu as écrit il a écrit nous avons écrit vous avez écrit ils ont écrit	écris écrivons écrivez	
19	**faire** **fait** する、作る	je fais tu fais il fait nous faisons vous **faites** ils font	j'ai fait tu as fait il a fait nous avons fait vous avez fait ils ont fait	fais faisons faites	
20	**lire** **lu** 読む	je lis tu lis il lit nous lisons vous lisez ils lisent	j'ai lu tu as lu il a lu nous avons lu vous avez lu ils ont lu	lis lisons lisez	
21	**mettre** **mis** 置く	je mets tu mets il met nous mettons vous mettez ils mettent	j'ai mis tu as mis il a mis nous avons mis vous avez mis ils ont mis	mets mettons mettez	
22	**ouvrir** **ouvert** あける、開く	j'ouvre tu ouvres il ouvre nous ouvrons vous ouvrez ils ouvrent	j'ai ouvert tu as ouvert il a ouvert nous avons ouvert vous avez ouvert ils ont ouvert	ouvre ouvrons ouvrez	
23	**pouvoir** **pu** 〜できる	je **peux** (puis) tu **peux** il peut nous pouvons vous pouvez ils peuvent	j'ai pu tu as pu il a pu nous avons pu vous avez pu ils ont pu		
24	**prendre** **pris** 取る	je prends tu prends il prend nous prenons vous prenez il prennet	j'ai pris tu as pris il a pris nous avons pris vous avez pris ils ont pris	prends prenons prenez	同型 comprendre apprendre

	不定形 過去分詞	直説法 現在	 複合過去	命令法	備考
25	**recevoir** **reçu** 受け取る	je re**ç**ois tu re**ç**ois il re**ç**ois nous recevons vous recevez il re**ç**oivent	j'ai reçu tu as reçu il a reçu nous avons reçu vous avez reçu ils onst reçu	reçois recevons recevez	
26	**savoir** **su** 知っている	je sais tu sais il sait nous savons vous savez ils savent	j'ai su tu as su il a su nous avons su vous avez su ils ont su	sache sachons sachez	
27	**voir** **vu** 見る	je vois tu vois il voit nous voyons vous voyez ils voient	j'ai vu tu as vu il a vu nous avons vu vous avez vu ils ont vu	vois voyons voyez	
28	**vouloir** **voulu** 〜が欲しい、〜したい	je veux tu veux il veut nous voulons vous voulez ils veulent	j'ai voulu tu as voulu il a voulu nous avons voulu vous avez voulu ils ont voulu	veuille veuillons veuillez	
29	**aller** **allé** 行く	je **vais** tu **vas** il **va** elle **va** nous allons vous allez ils **vont** elles **vont**	je suis allé(e) tu es allé(e) il est allé elle est allée nous sommes allé(e)s vous êtes allé(e)(s) ils sont allés elles sont allées	va allons allez	
30	**partir** **parti** 出発する	je pars tu pars il part elle part nous partons vous partez ils partent elles partent	je suis parti(e) tu es parti(e) il est parti elle est partie nous sommes parti(e)s vous êtes parti(e)(s) ils sont partis elles sont parties	pars partons partez	同型 dormir sortir servir sentir
31	**venir** **venu** 来る	je viens tu viens il vient elle vient nous venons vous venez ils viennent elles viennent	je suis venu(e) tu es venu(e) il est venu elle est venue nous sommes venu(e)s vous êtes venui(e)(s) ils sont venus elles sont venues	viens venons venez	同型 devenir revenir tenir

不定形 過去分詞		直 説 法		命令法
		現 在	複合過去	
32	falloir fallu ～が必要である	il faut	il a fallu	
33	pleuvoir plu 雨が降る	il pleut	il a plu	
34	se coucher couché 寝る	je me couche tu te couches il se couche elle se couche nous nous couchons vous vous couchez ils se couchent elles se couchent	je me suis couché(e) tu t'es couché(e) il s'est couché elle s'est couchée nous nous sommes couché(e)s vous vous êtes couché(e)(s) ils se sont couchés elles se sont couchées	couche-toi couchons-nous couchez-vous
35	s'intéresser intéressé 興味がある	je m'intéresse tu t'intéresses il s'intéresse elle s'intéresse nous nous intéressons vous vous intéressez ils se s'intéressent elles se s'intéressent	je me suis intéressé(e) tu t'es intéressé(e) il s'est intéressé elle s'est intéressée nous nous sommes intéressé(e)s vous vous êtes intéressé(e)(s) ils se sont intéressés elles se sont intéressées	intéresse-toi intéressons-nous intéressez-vous
36	se lever levé 起きる	je me lève tu te lèves il se lève elle se lève nous nous levons vous vous levez ils se lèvent elles se lèvent	je me suis levé(e) tu t'es levé(e) il s'est levé elle s'est levée nous nous sommes levé(e)s vous vous êtes levé(e)(s) ils se sont levés elles se sont levées	lève-toi levons-nous levez-vous
37	se promener promené 散歩する	je me promène tu te promènes il se promène elle se promène nous nous promenons vous vous promenez ils se promènent elles se promènent	je me suis promené(e) tu t'es promené(e) il s'est promené elle s'est promenée nous nous sommes promené(e)s vous vous êtes promené(e)(s) ils se sont promenés elles se sont promenées	promène-toi promenons-nous promenez-vous
38	s'asseoir assis 座る	je m'assieds tu t'assieds il s'assied elle s'assied nous nous asseyons vous vous asseyez ils s'asseyent elles s'asseyent	je me suis assis(e) tu t'es assis(e) il s'est assis elle s'est assise nous nous sommes assis(e)s vous vous êtes assis(e)(s) ils se sont assiss elles se sont assises	assieds-toi asseyons-nous asseyez-vous

単語リスト

この教科書で使った単語をアルファベ順にまとめてあります。またそれとともに、この教科書で使っていない仏検５級対応レベルの単語もすべて収録しています。凡例は下記の通りです。

冠 冠詞	男 男性名詞	女 女性名詞	名 名詞	固有 固有名詞	代 代名詞
動 動詞	代動 代名動詞	形 形容詞	副 副詞	数 数詞	序数 序数詞
接 接続詞	前 前置詞	疑 疑問詞	間投 間投詞	挨拶 挨拶	

A

à 前　～で、～に、～へ
acheter 動　買う
acteur / actrice 名　俳優
actif / active 形　活発な
adorer 動　大好きである
adresse 女　住所
aéroport 男　空港
âge 男　年齢、時代
âgé(e) 形　年をとった
ah 間投　あぁ！
aimer 動　好む
air 男　空気
album 男　アルバム
aller 動　行く
allô 間投　〔電話で〕もしもし
alors 間投　それでは
alphabet 男　アルファベ
américain(e) 形　アメリカ（人）の
ami(e) 名　友だち、恋人
an 男　年、～歳
anglais 男　英語
anglais(e) 形　イギリス（人）の
Angleterre 固有 女　イギリス
animal 男　動物
année 女　年、学年
anniversaire 男　誕生日、記念日
août 男　8月
appartement 男　アパルトマン
appeler 動　呼ぶ、電話をする
(s')appeler 代動　～という名前である
apprendre 動　学ぶ
après 前　〔時〕～のあとで
après-midi 男　午後
arbre 男　木
argent 男　お金
arriver 動　到着する
artiste 男　芸術家
(s')asseoir 代動　座る
assez 副　十分に
attendre 動　待つ
attention 女　注意　Attention ! 気をつけて！
au / aux　前置詞 à + le, les の縮約
aucun(e)　〔ne ... aucun(e) で〕どんな…も～ない
aujourd'hui 副　今日
aussi 副　～もまた、同じく
autant 副　～と同じくらい
〔autant de ... で〕～と同じくらいの
automne 男　秋
autre 形　〔不定形容詞〕別の
avant 前　〔時〕～の前に
avec 前　～と一緒に
avion 男　飛行機
avoir 動　持つ、持っている
avril 男　4月

B

banane 女　バナナ
bateau 男　船
beau, bel / belle 形　美しい
beaucoup 副　とても、たくさん
bébé 男　赤ちゃん
bibliothèque 女　図書館
bicyclette 女　自転車
bien 副　よく
bientôt 副　まもなく
À bientôt. また近いうちに。
billet 男　切符、紙幣

blanc / blanche 形　白い
bleu(e) 形　青い
boire 動　飲む
boîte 女　箱
bon(ne) 形　よい
bon 間投　よし、さて
　Ah bon ? ああ、そうなの？
bonjour 挨拶 男　おはよう、こんにちは
bonsoir 挨拶 男　こんばんは
bord 男　縁、岸
boulot 男　仕事
bras 男　腕
bruit 男　音、物音
bureau 男　机
bus 男　バス

C

ça 代　〔指示代名詞〕それ（は）
　Ça va ? 元気？　Ça va bien. 元気だよ。
cadeau 男　プレゼント
café 男　コーヒー、カフェ
cahier 男　ノート
campagne 女　田舎
Canada 固有 男　カナダ
carte 女　カード、地図、メニュー
CD 男　コンパクトディスク、CD
ce 代　〔指示代名詞〕これは、それは、あれは
ce, cet / cette / ces 形　〔指示形容詞〕この〜、その〜、あの〜
cent 数　100
chaise 女　椅子
chambre 女　部屋
chance 女　チャンス
chanson 女　歌
chanter 動　歌う
chanteur / chanteuse 名　歌手
chapeau 男　帽子
chat 男　猫
chaud(e) 形　暑い
chaud 男　暑さ　avoir chaud 暑いと思う
chaussure 女　〔複数で〕靴
chemise 女　シャツ
cher / chère 形　値段が高い、親愛なる
chercher 動　探す
cheval 男　馬
cheveu 男　髪の毛
chez 前　〜の家で
chien 男　イヌ
Chine 固有 女　中国
chinois 男　中国語
chinois(e) 形　中国（人）の
chocolat 男　チョコレート
choisir 動　選ぶ
chose 女　もの、こと
-ci　〔指示形容詞とともに〕この〜、こちらの
ciel 男　空
cinéma 男　映画、映画館
cinq 数　5
cinquante 数　50
cinquième 序数　5 番目（の）
classe 女　教室
combien 疑　いくつ、いくら
comme 接　〜として
commencer 動　始める
comment 疑　どのように、どうやって
　Comment allez-vous ? お元気ですか？
comprendre 動　理解する
connaître 動　知っている
concert 男　コンサート
confiture 女　ジャム
content(e) 形　満足する、うれしい
Corée 固有 女　韓国
coréen 男　韓国語
coréen(ne) 形　韓国（人）の
(se) coucher 代動　寝る
couleur 女　色
courir 動　走る
cours 男　授業
course 女　〔複数で〕買い物
court(e) 形　短い
cousin(e) 名　いとこ
coûter 動　値段が〜である
cravate 女　ネクタイ
crayon 男　鉛筆

cuisine 女 料理、台所

D

d'accord 賛成である D'accord. わかった。
dame 女 女性、婦人
dans 前 〜の中に
danser 動 踊る
de 前 〜の、〜から
de 冠 否定の de（不定冠詞 des からの変化）
décembre 男 12月
déjà 副 もう、すでに
déjeuner 男動 昼食（をとる）
demain 副 明日
demi-heure 女 30分
demi(e) 形 半分の、〔時刻・時間〕30分
dent 女 歯
depuis 前 〜以来、〜前から
dernier / dernière 形 最後の
derrière 前 〔場所〕〜のうしろに
descendre 動 降りる
désolé(e) 形 申し訳ない
dessert 男 デザート
deux 数 2
deuxième 序数 2番目（の）
devant 前 〔場所〕〜の前に
devenir 動 〜になる
devoir 男 〔複数で〕宿題
difficile 形 難しい
dimanche 男 日曜
dîner 男動 夕食（をとる）
dire 動 言う
dix 数 10
dix-huit 数 18
dix-neuf 数 19
dix-sept 数 17
dixième 序数 10番目（の）
donner 動 与える
dormir 動 眠る
doux / douce 形 甘い
douze 数 12
droit 副 まっすぐに
droit(e) 形 右の、右側の
droite 女 右、右側
du / de la / de l' 冠 〔部分冠詞〕いくらかの
du 前置詞 de ＋定冠詞 le の縮約

E

e-mail 男 Eメール
eau 女 水
école 女 学校
écouter 動 聞く
écrire 動 書く
église 女 教会
élève 名 生徒
elle 代 〔主語〕彼女は、それは 〔強勢形〕彼女
elles 代 〔主語〕彼女らは、それらは
〔強勢形〕彼女ら
employé(e) 名 会社員
en 前 〜に、〜で
enchanté(e) 形 はじめまして
encore 副 まだ
enfant 名 子ども
ensemble 副 一緒に
entendre 動 聞こえる
entrée 女 入口
entrer 動 入る
envoyer 動 送る
espagnol(e) 形 スペイン（人）の
est 男 東
est-ce que 副 疑問文で用いる表現
et 接 〜と、そして
États-Unis 固有 男 アメリカ合衆国
été 男 夏
étudiant(e) 名 学生
étoile 女 星
être 動 ある、いる、〜である
étudier 動 勉強する
euro 男 ユーロ
Europe 固有 女 ヨーロッパ
eux 代 〔強勢形〕彼ら
examen 男 試験
excuser 動 許す Excusez-moi. ごめんなさい。

F

facile 形　簡単な

faim 女　空腹

faire 動　する、作る

falloir 動　〔非人称動詞〕〔il faut... で〕～が必要である、～しなければならない

famille 女　家族

fatigué(e) 形　疲れた

femme 女　女性

fenêtre 女　窓

fermer 動　閉まる、閉じる、閉める

février 男　2月

fille 女　少女、娘

film 男　（作品としての）映画

fils 男　息子

fin 女　終わり

finir 動　終える、終わる

fleur 女　花

fois 女　回

football 男　サッカー

fort(e) 形　強い、得意である

frais / fraîche 形　新鮮な

français 男　フランス語

français(e) 形　フランス（人）の

France 固有 女　フランス

frère 男　兄、弟

froid(e) 形　寒い、冷たい

froid 男　寒さ　avoir froid 寒いと思う

fromage 男　チーズ

fruit 男　フルーツ、果物

G

garage 男　ガレージ

garçon 男　少年

gare 女　駅

gâteau 男　ケーキ

gauche 形　左の、左側の

gens 男　〔複数〕人々

gentil(le) 形　やさしい、親切な

grand-mère 女　祖母

grand-père 男　祖父

grand(e) 形　大きい

grandir 動　大きくなる

grands-parents 男　〔複数〕祖父母

gros(se) 形　大きい、太った

guitare 女　ギター

H

habiter 動　住む

harpe 女　ハープ

haut(e) 形　高い

heure 女　時間、～時

heureux / heureuse 形　幸福な

hier 副　昨日

hiver 男　冬

homme 男　男性

hôpital 男　病院

horloge 女　時計

hôtel 男　ホテル

huile 女　油

huit 数　8

huitième 序数　8番目（の）

I

ici 副　ここで、ここに

il 代　〔主語〕彼は、それは

il y a ... 〔非人称主語〕～がある

ils 代　〔主語〕彼らは、それらは

important(e) 形　重要な

intelligent(e) 形　頭がいい

intéressant(e) 形　興味深い、おもしろい

(s')intéresser à ... 代動　～に興味がある

inviter 動　招待する

Italie 固有 女　イタリア

italien 男　イタリア語

italien(ne) 形　イタリア（人）の

J

jamais 〔ne ... jamais で〕決して～ない

janvier 男　1月

Japon 固有 男　日本

japonais 男　日本語

japonais(e) 形　日本（人）の

jardin 男　庭

jaune 形 黄色い
je 代 〔主語〕私は
jeu 男 ゲーム
jeudi 男 木曜
jeune 形 若い
jogging 男 ジョギング
joli(e) 形 かわいい、きれいな
jouer 動 遊ぶ、（スポーツなどを）する
jour 男 日、曜日
journal 男 新聞
journée 女 一日
juillet 男 7月
juin 男 6月
jupe 女 スカート
jusqu'à 前 〔前置詞句〕～まで

K

karaoké 男 カラオケ
kilo 男 キログラム
kilomètre 男 キロメートル

L

la / l' 代 〔目的語〕彼女を、それを
là 副 そこに
-là 〔指示形容詞とともに〕その～、そちらの
là-bas 副 あそこに、向こうで
lait 男 牛乳
langue 女 言語
large 形 大きい、幅が広い
(se) laver 代動 自分の身体を洗う
le / l' 代 〔目的語〕彼を、それを
le / la / l' / les 冠 〔定冠詞〕その～、～というもの
leçon 女 授業、レッスン、（教科書の）課
lecture 女 読書
léger / légère 形 軽い
légume 男 野菜
les 代 〔目的語〕彼らを、彼女らを、それらを
lettre 女 手紙
leur 代 〔目的語〕彼らに、彼女らに
leur / leurs 形 〔所有形容詞〕彼らの、彼女らの
(se) lever 代動 起きる
libre 形 自由な、空いている、無料の
lire 動 読む
lit 男 ベッド
livre 男 本
loin 副 遠くに
long / longue 形 長い
longtemps 副 長い間
lourd(e) 形 重い
lui 代 〔目的語〕彼に、彼女に 〔強勢形〕彼
lundi 男 月曜
lune 女 月
lunette 女 〔複数で〕眼鏡
lycée 女 高校
lycéen(ne) 名 高校生

M

madame 女 女性に対する敬称
mademoiselle 女 女性に対する敬称
magasin 男 店
mai 男 5月
main 女 手
maintenant 副 今
mais 接 しかし、でも
maison 女 家
mal 男 〔avoir mal à ... で〕～が痛い
malade 形 病気の
manga 男 マンガ
manger 動 食べる
marché 男 市場
marcher 動 歩く
mardi 男 火曜
mari 男 夫
mars 男 3月
matin 男 朝
mauvais(e) 形 悪い
me 代 〔目的語〕私を、私に
médecin 名 医師
meilleur(e) 形 よりよい（bonの比較級）
mer 女 海
merci 間投 ありがとう
mercredi 男 水曜
mère 女 母

mètre 男　メートル
métro 男　地下鉄
mettre 動　置く
midi 男　正午
mieux 副　よりよく（bien の比較級）
mille 数　1000
minuit 男　真夜中、午前零時
minute 女　分
moi 代　〔強勢形〕私
moins 副　より少なく
mois 男　（暦の）月
mon / ma / mes 形　〔所有形容詞〕私の
monde 男　世界、人びと
monsieur 男　男性に対する敬称、男性
mont 男　〔固有名詞を示して〕山
montagne 女　山
monter 動　乗る、登る
montre 女　腕時計
mot 男　言葉、単語
mourir 動　死ぬ
musée 男　美術館
musique 女　音楽

N

nager 動　泳ぐ
naître 動　生まれる
naturel(le) 形　自然な
ne 副　否定の副詞
nécessaire 形　必要な
neige 女　雪
neiger 動　雪が降る
neuf 数　9
neuvième 序数　9 番目（の）
noir(e) 形　黒い
nom 男　名前、姓
non 副　いいえ
nord 男　北
notre / nos 形　〔所有形容詞〕私たちの
nous 代　〔主語〕私たちは　〔強勢形〕私たち　〔目的語〕私たちを、私たちに
nouveau, nouvel / nouvelle 形　新しい
novembre 男　11 月
nuage 男　雲
nuit 女　夜　Bonne nuit. おやすみなさい。
numéro 男　番号

O

occupé(e) 形　忙しい、ふさがっている
octobre 男　10 月
œil〔複数 yeux〕男　目
œuf 男　卵
oiseau 男　鳥
on 代　〔不定代名詞〕私たちが、人々が
oncle 男　おじ
onze 数　11
onzième 序数　11 番目（の）
orange 女　オレンジ
ordinateur 男　コンピュータ
ou 接　または、あるいは
où 疑　どこ、どこに
ouest 男　西
oui 副　はい
ouvert(e) 形　開いた、開店している
ouvrir 動　開く

P

pain 男　パン
pantalon 男　ズボン
papier 男　紙、書類
par 前　～によって
parc 男　公園
parce que 接　〔接続詞句〕なぜなら
pardon 男　すみません
parent s 男　〔複数で〕両親
parfum 男　香り、香水
Paris 固有　パリ
parisien(ne) 形　パリの
parler 動　話す
partir 動　出発する
pas　〔ne ... pas で〕～でない
pauvre 形　貧しい、哀れな
payer　支払う
pays 男　国、地方
peintre 名　画家

pendant 前　～の間に
penser 動　考える
père 男　父
personne 〔ne ... personne で〕誰も～ない
petit(e) 形　小さな
petit déjeuner 男　朝食
peu 副　少し
peut-être 副　たぶん、おそらく
photo 女　写真
piano 男　ピアノ
pied 男　足　à pied 徒歩で
piscine 女　プール
place 女　広場、座席
plaisir 男　喜び
pleurer 動　泣く
pleuvoir 動　雨が降る
pluie 女　雨
plus 副　より多く
　ne ... plus　もう～ない
poisson 男　魚
pomme 女　リンゴ
pomme de terre 女　ジャガイモ
porte 女　門、ドア、扉
porter 動　着る、身につける
possible 形　可能な
poste 女　郵便、郵便局
pour 前　～のために
pourquoi 疑　なぜ
pouvoir 動　～できる
préférer 動　より好む
premier 名　(le premier で) ついたち
premier / première 形　最初の、1番目の
prendre 動　取る
préparer 動　準備をする
près 副　近くに、近くで
printemps 男　春
prix 男　価格、物価、賞
prochain(e) 男　次の
professeur 名　先生
prier 動　祈る
　Je vous en prie. どういたしまして。
(se) promener 代動　散歩する

Q

quand 疑　いつ
quarante 数　40
quart 男　4分の1、〔時刻・時間〕15分
quartier 男　街、界隈、地区
quatorze 数　14
quatre 数　4
quatre-vingt-dix 数　90
quatre-vingt-un 数　81
quatre-vingts 数　80
quatrième 序数　4番目（の）
que 疑　何
　ne ... que ～　～しか…ない
quel / quelle / quels / quelles 形　〔疑問形容詞〕どの～、どんな～
quelque chose 代　なにか、あるもの
quelqu'un 代　誰か
qu'est-ce que 疑　何を、何
question 女　質問
qui 疑　誰が、誰を
qui est-ce que 疑　誰を
quinze 数　15
quoi 疑　何

R

radio 女　ラジオ
raison 女　理由、理性
réfléchir 動　よく考える
recevoir 動　受け取る
regarder 動　見る、見つめる
remercier 動　感謝する
rencontrer 動　～に出会う
rentrer 動　帰宅する、戻る
repas 男　食事
répondre 動　答える
(se) reposer 代動　休む
restaurant 男　レストラン
rester 動　とどまる
réussir 動　成功する
revenir 動　戻る
revoir 動　再会する　Au revoir. さようなら。
riche 形　裕福な、豊富な

rien 副 〔ne ... rien で〕何も～ない
De rien. どういたしまして。
riz 男 米
robe 女 ドレス、ワンピース
rond(e) 形 丸い
rose 女 バラ 形 ピンクの
rouge 形 赤い
rue 女 通り

S

sac 男 カバン
saison 女 季節
salade 女 サラダ
salle 女 部屋、ホール
salut 間投 やぁ！
samedi 男 土曜
sans 前 ～なしで
savoir 動 知っている
se 代 〔再帰代名詞〕自分に、自分を
second(e) 序数 2番目（の）
seize 数 16
sel 男 塩
semaine 女 週、～週間
sentir 動 感じる
sept 数 7
septembre 男 9月
septième 序数 7番目（の）
servir 動 給仕する、役立つ
si 副 〔否定疑問文に肯定の意味で〕いいえ
s'il te plaît / s'il vous plaît お願いします。
siècle 男 世紀
six 数 6
sixième 序数 6番目（の）
ski 男 スキー
smartphone 男 スマートフォン
sœur 女 姉、妹
soif 男 のどの乾き
soir 男 夕方、夜
soirée 女 夕方
soixante 数 60
soixante et onze 数 71
soixante-dix 数 70
soixante-douze 数 72
soixante-neuf 数 69
soleil 男 太陽
sommeil 女 眠り、眠気
son / sa / ses 形 〔所有形容詞〕彼の、彼女の、それの
sortir 動 外出する
soupe 女 スープ
sous 前 ～の下に
souvent 副 しばしば
sport 男 スポーツ
sportif / sportive 形 スポーツ好きの
stylo 男 ペン
sucre 女 砂糖
sud 男 南
suite 女 続き tout de suite すぐに
supermarché 男 スーパーマーケット
sur 前 ～の上に
sûr(e) 形 確かな
sympathique 形 感じのよい

T

table 女 テーブル
tante 女 おば
tard 副 遅く
tarte 女 タルト
tasse 女 カップ
taxi 男 タクシー
téléphone 男 電話
téléphoner 動 電話をする
télévision 女 テレビ
te 代 〔目的語〕君を、君に
temps 男 時間、天気
tenir 動 つかむ
tennis 男 テニス
tête 女 頭
thé 男 紅茶
théâtre 男 劇場、演劇
ticket 男 切符、チケット
toi 代 〔強勢形〕君
toilettes 女 〔複数で〕トイレ
tomate 女 トマト

tomber 動 落ちる、転ぶ
ton / ta / tes 形 〔所有形容詞〕君の
tôt 副 早く
toujours 副 いつも
tourner 動 曲がる
tout(e) 形 すべての toute la journée 一日中
tout 副 全く tout de suite すぐに
tout le monde 代 みんな、全員
train 男 電車
travail 男 仕事
travailler 動 働く、勉強する
treize 数 13
trente 数 30
trente et un 数 31
trente-deux 数 32
trente-neuf 数 39
très 副 とても、非常に
triste 形 悲しい
trois 数 3
troisième 序数 3 番目（の）
trop 副 あまりにも
trouver 動 見つける、～だと思う
tu 代 〔主語〕君は

U

un / une 冠 〔不定冠詞〕ひとつの～、ある～
un / une 数 1
université 女 大学

V

vacance 女 〔複数形で〕バカンス、休暇
vélo 男 自転車
vendre 動 売る
vendredi 男 金曜
venir 動 来る
ventre 男 腹
verre 男 グラス
vers 前 ～頃、～のほうへ
vert(e) 形 緑色の
veste 女 ジャケット
viande 女 肉
vidéo 形 ビデオの
vieux, vieil / vieille 形 古い、年とった
village 女 村
ville 女 町
vin 男 ワイン
vingt 数 20
vingt et un 数 21
vingt et unième 序数 21 番目（の）
vingt-deux 数 22
vingt-neuf 数 29
vingtième 序数 20 番目（の）
visiter 動 訪問する、見物する
vite 副 速く
voici 副 ここに～がある
voilà 副 そこに～がある
voir 動 ～に会う、見る
voiture 女 自動車
voix 女 声
votre / vos 形 〔所有形容詞〕あなたの、君の、あなたたちの
vouloir 動 ～したい
vous 代 〔主語〕あなたは、あなたたちは
〔強勢形〕あなた、あなたたち
〔目的語〕あなた（たち）を、あなた（たち）に
voyage 男 旅行
voyager 動 旅行する

W

weekend 男 週末

Y

y 代 〔中性代名詞〕そこで、そこに
yen 男 円
yeux 男 目（œil の複数形）

Z

zéro 数 0

著者紹介
松村博史（まつむら ひろし）
近畿大学文芸学部教授

リエゾン 1

2023 年 2 月 1 日　印刷
2023 年 2 月 10 日　発行

著　者 © 松　村　博　史
発行者　及　川　直　志
印刷所　株式会社　三秀舎

発行所
101-0052 東京都千代田区神田小川町 3 の 24
電話 03-3291-7811（営業部），7821（編集部）
www.hakusuisha.co.jp
株式会社　白水社
乱丁・落丁本は送料小社負担にてお取り替えいたします。

振替 00190-5-33228　Printed in Japan　誠製本株式会社

ISBN 978-4-560-06149-7

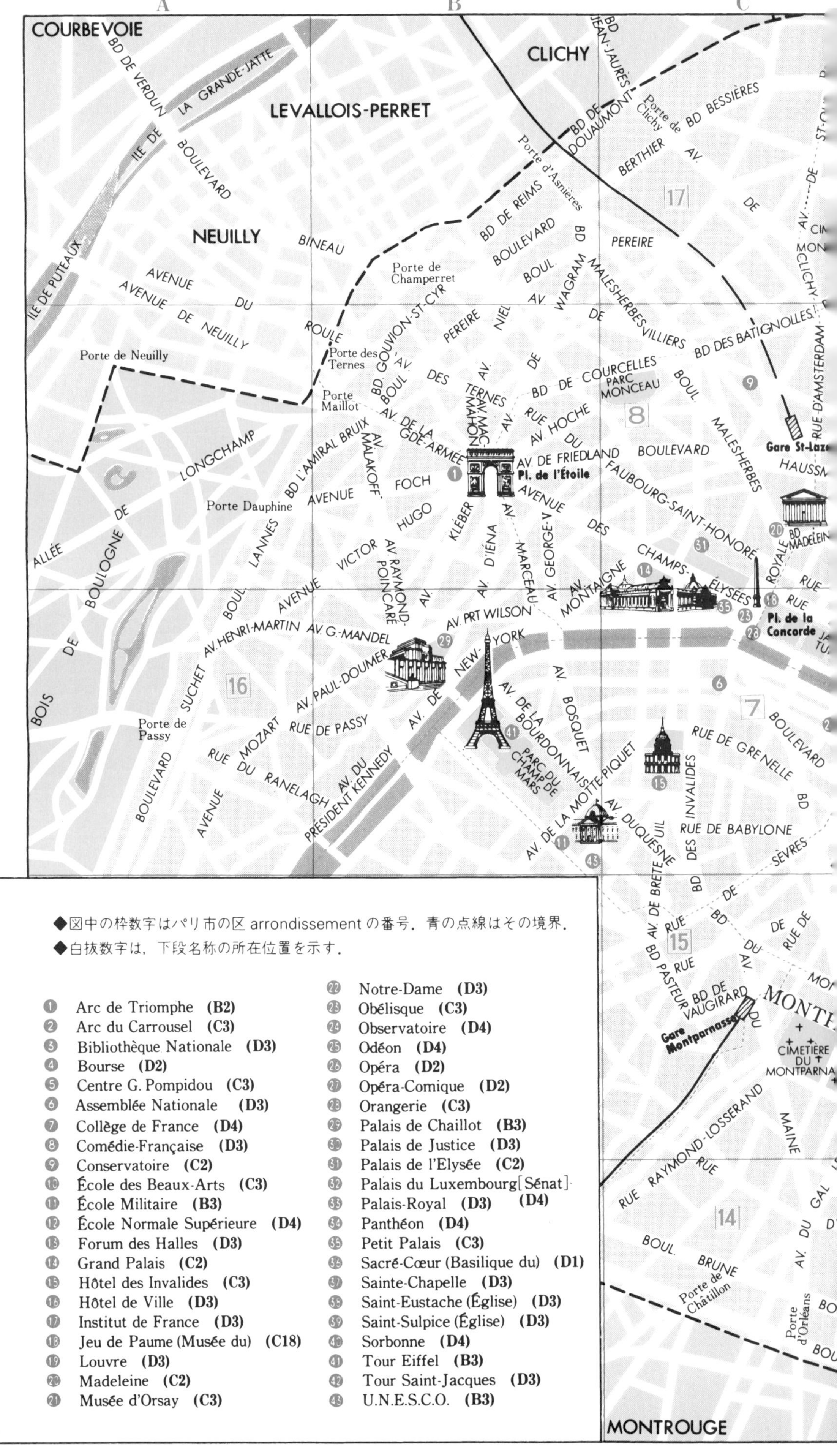
A
B
C
COURBEVOIE
LEVALLOIS-PERRET
CLICHY
NEUILLY
BD DE VERDUN
LA GRANDE-JATTE
ILE DE
BOULEVARD
BINEAU
ILE DE PUTEAUX
AVENUE DU ROULE
AVENUE DE NEUILLY
Porte de Neuilly
Porte de Champerret
Porte des Ternes
Porte Maillot
Porte d'Asnières
BD JEAN-JAURÈS
BD DE DOUAUMONT
Porte de Clichy
BD BESSIÈRES
BERTHIER
BD DE REIMS
BOULEVARD
PEREIRE
BOUL.
AV. WAGRAM
BD MALESHERBES
AV. DE VILLIERS
BD DES BATIGNOLLES
BD GOUVION-ST-CYR
PEREIRE
NIEL
AV. DES TERNES
BD DE COURCELLES
PARC MONCEAU
AV. MAC MAHON
AV. HOCHE
AV. DE LA GDE-ARMÉE
BD L'AMIRAL BRUIX
AV. MALAKOFF
LONGCHAMP
AVENUE FOCH
Pl. de l'Étoile
AV. DE FRIEDLAND
BOULEVARD HAUSSMANN
FAUBOURG-SAINT-HONORÉ
MALESHERBES
Gare St-Lazare
RUE D'AMSTERDAM
Porte Dauphine
ALLÉE DE BOULOGNE
LANNES
AVENUE VICTOR HUGO
KLÉBER
AV. D'IÉNA
AV. MARCEAU
AV. GEORGE-V
AVENUE DES CHAMPS-ÉLYSÉES
AV. MONTAIGNE
AV. RAYMOND-POINCARÉ
BD MADELEINE
ROYALE
RUE
Pl. de la Concorde
BOIS DE BOULOGNE
AV. PRT WILSON
AV. HENRI-MARTIN
AV. G.-MANDEL
AV. PAUL-DOUMER
AV. DE NEW-YORK
SUCHET
16
8
17
7
15
14
Porte de Passy
RUE DE PASSY
RUE MOZART
RUE DU RANELAGH
AV. DU PRÉSIDENT KENNEDY
BOULEVARD
AVENUE
AV. DE LA BOURDONNAIS
PARC DU CHAMP DE MARS
AV. BOSQUET
RUE DE GRENELLE
BOULEVARD
AV. DE LA MOTTE-PIQUET
AV. DUQUESNE
BD DES INVALIDES
RUE DE BABYLONE
AV. DE BRETEUIL
RUE DE SÈVRES
BD DE VAUGIRARD
BD PASTEUR
Gare Montparnasse
CIMETIÈRE DU MONTPARNASSE
RUE RAYMOND-LOSSERAND
MAINE
BOUL. BRUNE
Porte de Châtillon
Porte d'Orléans
MONTROUGE
◆図中の枠数字はパリ市の区 arrondissement の番号．青の点線はその境界．
◆白抜数字は，下段名称の所在位置を示す．
1 Arc de Triomphe (B2)
2 Arc du Carrousel (C3)
3 Bibliothèque Nationale (D3)
4 Bourse (D2)
5 Centre G. Pompidou (C3)
6 Assemblée Nationale (D3)
7 Collège de France (D4)
8 Comédie-Française (D3)
9 Conservatoire (C2)
10 École des Beaux-Arts (C3)
11 École Militaire (B3)
12 École Normale Supérieure (D4)
13 Forum des Halles (D3)
14 Grand Palais (C2)
15 Hôtel des Invalides (C3)
16 Hôtel de Ville (D3)
17 Institut de France (D3)
18 Jeu de Paume (Musée du) (C18)
19 Louvre (D3)
20 Madeleine (C2)
21 Musée d'Orsay (C3)
22 Notre-Dame (D3)
23 Obélisque (C3)
24 Observatoire (D4)
25 Odéon (D4)
26 Opéra (D2)
27 Opéra-Comique (D2)
28 Orangerie (C3)
29 Palais de Chaillot (B3)
30 Palais de Justice (D3)
31 Palais de l'Elysée (C2)
32 Palais du Luxembourg [Sénat] (D4)
33 Palais-Royal (D3)
34 Panthéon (D4)
35 Petit Palais (C3)
36 Sacré-Cœur (Basilique du) (D1)
37 Sainte-Chapelle (D3)
38 Saint-Eustache (Église) (D3)
39 Saint-Sulpice (Église) (D3)
40 Sorbonne (D4)
41 Tour Eiffel (B3)
42 Tour Saint-Jacques (D3)
43 U.N.E.S.C.O. (B3)

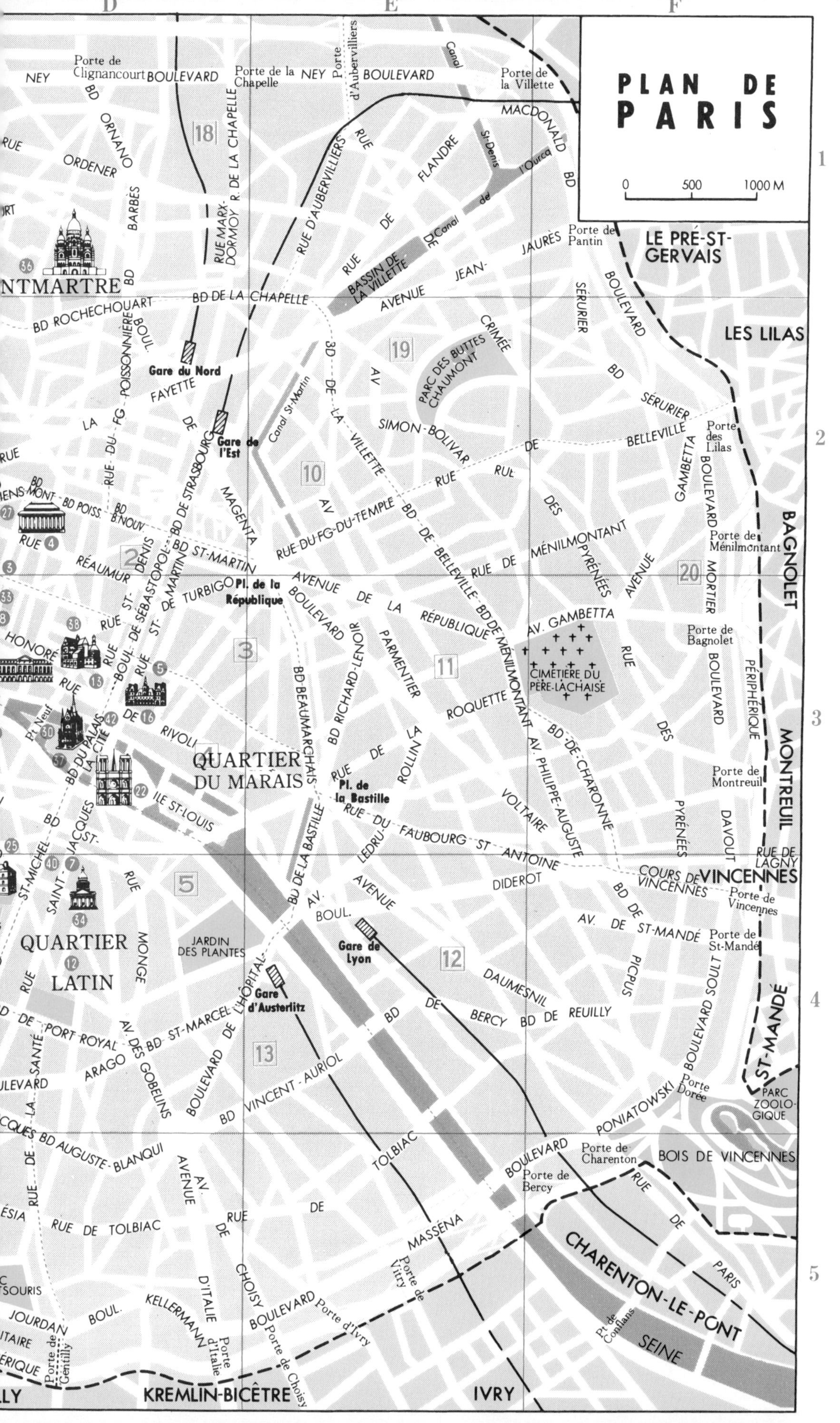
PLAN DE PARIS
0
500
1000 M
D
E
F
1
2
3
4
5
Porte de Clignancourt
Porte de la Chapelle
Porte d'Aubervilliers
Porte de la Villette
Porte de Pantin
LE PRÉ-ST-GERVAIS
LES LILAS
Porte des Lilas
BAGNOLET
Porte de Ménilmontant
Porte de Bagnolet
MONTREUIL
Porte de Montreuil
VINCENNES
Porte de Vincennes
Porte de St-Mandé
ST-MANDÉ
PARC ZOOLOGIQUE
Porte Dorée
Porte de Charenton
BOIS DE VINCENNES
Porte de Bercy
CHARENTON-LE-PONT
SEINE
Pt. de Conflans
IVRY
Porte de Vitry
Porte d'Ivry
Porte de Choisy
Porte d'Italie
KREMLIN-BICÊTRE
Porte de Gentilly
NTMARTRE
QUARTIER DU MARAIS
QUARTIER LATIN
JARDIN DES PLANTES
PARC DES BUTTES CHAUMONT
CIMETIÈRE DU PÈRE-LACHAISE
BASSIN DE LA VILLETTE
Gare du Nord
Gare de l'Est
Pl. de la République
Pl. de la Bastille
Gare de Lyon
Gare d'Austerlitz
18
19
10
2
3
11
20
4
5
12
13
BD DE LA CHAPELLE
BD ROCHECHOUART
BD DE SÉBASTOPOL
BD DE STRASBOURG
BD ST-MARTIN
BD DE BELLEVILLE
BD DE MÉNILMONTANT
BD DE CHARONNE
BD BEAUMARCHAIS
BD RICHARD-LENOIR
BD DE LA BASTILLE
BD ST-MICHEL
BD DE PORT ROYAL
BD ST-MARCEL
BD AUGUSTE-BLANQUI
BD VINCENT-AURIOL
BD DE BERCY
BD DE REUILLY
BD DE ST-MANDÉ
BOULEVARD SOULT
BOULEVARD MORTIER
BOULEVARD DAVOUT
BOULEVARD SÉRURIER
BOULEVARD PÉRIPHÉRIQUE
BOULEVARD MASSÉNA
BOULEVARD KELLERMANN
BD JOURDAN
BOULEVARD PONIATOWSKI
BOULEVARD NEY
BD MACDONALD
AVENUE JEAN-JAURÈS
AV SIMON-BOLIVAR
AVENUE DE LA RÉPUBLIQUE
AV. GAMBETTA
AV. PHILIPPE-AUGUSTE
AVENUE PARMENTIER
AV. LEDRU-ROLLIN
AVENUE DAUMESNIL
AV. DES GOBELINS
AV. DE ST-MANDÉ
AVENUE DE CHOISY
AVENUE D'ITALIE
RUE DE FLANDRE
RUE D'AUBERVILLIERS
RUE DE CRIMÉE
RUE DE BELLEVILLE
RUE DES PYRÉNÉES
RUE DE MÉNILMONTANT
RUE DU FG-DU-TEMPLE
RUE DE LA ROQUETTE
RUE DU FAUBOURG ST ANTOINE
RUE DE RIVOLI
RUE DE TURBIGO
RUE RÉAUMUR
RUE ST-DENIS
RUE ST-MARTIN
RUE ST-HONORÉ
RUE MONGE
RUE SAINT-JACQUES
RUE DE LA SANTÉ
RUE DE TOLBIAC
RUE DE CHARENTON
RUE DE PARIS
RUE DE LAGNY
RUE ORDENER
RUE MARX-DORMOY
R. DE LA CHAPELLE
BD ORNANO
BD BARBÈS
RUE DU FG POISSONNIÈRE
RUE LA FAYETTE
BD DE MAGENTA
COURS DE VINCENNES
DIDEROT
RUE DE PICPUS
ARAGO
ALÉSIA
Canal St-Martin
Canal St-Denis
Canal de l'Ourcq
Pt. Neuf
ILE ST-LOUIS
LA CITÉ
BD DU PALAIS
PARC MONTSOURIS
36
27
4
3
33
8
38
13
5
16
42
30
37
22
25
40
7
34
12